# La administración del dinero

*Una guía básica sobre cómo salir de las deudas y comenzar a construir la riqueza financiera, que incluye consejos sobre presupuestos e inversiones*

# Tabla de contenidos

# Introducción

¿Alguna vez se ha preguntado cómo algunas personas obtienen ingresos pequeños, y nunca se quejan de ello, y luego algunas tienen mucho dinero, pero no pueden pagar sus facturas mensuales? ¿O cómo los millonarios manejan su dinero?

Uno de los pasos más importantes para ser independiente es la independencia financiera. Esto significa que tiene el control total de sus gastos y del dinero que gana.

El dinero es crucial cuando se trata de vivir bien en la comunidad, pero no se necesita demasiado dinero para ser independiente, feliz o incluso exitoso. Simplemente necesita saber cómo controlar sus gastos y administrar el dinero que tiene para que pueda tener una vida holgada.

Las deudas pueden ser una fuente de preocupación y ansiedad para muchas personas y, a veces, puede ser difícil saber por dónde comenzar cuando desea administrar sus deudas financieras. Este libro lo ayudará a comenzar el camino para pagar todas sus deudas y quedar libre de ellas. El libro le proporcionará una idea clara de cuánto dinero debe y a quién, cómo puede contactar a las compañías de tarjetas de crédito y negociar las tasas de interés, cómo puede priorizar qué deuda pagar primero, qué estrategia adoptar para borrar sus deudas y cómo crear un presupuesto. Además, el libro está destinado a enseñarle los aspectos más importantes de las finanzas personales.

Además de eso, aprenderá más sobre cómo comenzar con las inversiones y asegurarse de que su dinero trabaje por usted y no al revés. Se le mostrarán muchos consejos y lecciones interesantes que debe seguir para cumplir sus objetivos financieros. Prepárese para aprender cosas interesantes, incluida la forma en que puede liberarse de deudas sin demasiados problemas.

# Capítulo 1: La mentalidad del dinero

¿Tiene usted una gran deuda? ¿Se siente estresado por pagar sus deudas? ¿Lucha para llegar a fin de mes? ¿Le resulta difícil pagar sus facturas mensuales? ¿Le resulta difícil ahorrar? ¿Está viviendo con miedo de perder su hogar?

Si respondió "sí" a cualquiera de las preguntas anteriores, no está solo. Según la Oficina del Censo de los Estados Unidos, se estima que más del 69% de los estadounidenses están endeudados. Además, se dice que los estudiantes universitarios tienen, en promedio, 35.000 $ en préstamos estudiantiles.

Todos han pasado por una crisis financiera en algún momento de su vida, incluida las personas más ricas del mundo. La deuda puede ser abrumadora y, si no se maneja bien, puede conducir a la depresión. Si usted es una de esas personas que está experimentando una crisis financiera, tenga en cuenta que ningún problema es permanente. De hecho, hay numerosas opciones que puede tomar para comenzar a solucionar este problema.

Mucha gente quiere estar libre de deudas, pero pedir dinero prestado no es algo malo. La deuda puede ser buena o mala, solo depende de cómo la mire.

A pesar de esto, la deuda se ha relacionado con connotaciones negativas. La mayoría de la gente baja la cabeza cuando surge la charla sobre la deuda, algunos incluso se sienten avergonzados por eso. Si deja que la deuda controle su vida, puede generar más y más ansiedad.

La deuda pasa, es parte de la vida. No es algo malo como la gente lo percibe. De hecho, la deuda causa un efecto positivo. El hecho de que alguien le deba dinero no significa que tenga dificultades financieras. Lo importante es cómo se lo toma.

Cuando se sienta deprimido por sus problemas financieros, recuerde que la deuda puede ser un medio para comprar una casa que siempre ha soñado. En otras palabras, no todas las deudas son iguales. Si ya está endeudado o le preocupa endeudarse, siga leyendo para obtener más información. Comprender la deuda es vital tanto para la seguridad financiera como para la educación financiera.

La deuda no es una cadena perpetua. Puede ser una forma de examinar sus prioridades financieras y ajustar su vida.

**La deuda es deuda hasta que le dé sentido**

Uno de los puntos mágicos de cambio de vida de Brooke Castillo se origina en una famosa cita: "Tus pensamientos crean tus sentimientos. Tus sentimientos crean tus acciones. Tus acciones crean tus resultados. Las circunstancias son neutrales".

Entonces, en términos simples, Brooke Castillo dice:

Pensamientos => Sentimientos => Acciones => Resultados.

La cita de Brooke simplemente resume cómo funciona el universo. Si usted va a aprender sobre el desarrollo personal y la psicología, aprenderá lo mismo. En otras palabras, no es material inventado por Brooke, pero lo pulió muy bien.

De hecho, las circunstancias son neutrales. No son ni buenas ni malas. Son simplemente hechos.

Si todavía tiene problemas para entender esto, lea estos dos ejemplos.

Primero, considere un melocotón. Puede que le gusten los melocotones, y alguien más los odie. El melocotón tampoco es bueno ni malo, es solo un melocotón. El melocotón no se vuelve malo o bueno hasta que lo consideramos malo.

En segundo lugar, veamos la idea de la muerte. Muchas personas mueren todos los días. Sin embargo, no nos afecta. Y así debe ser. No hay opción. No podemos andar deprimidos por perder personas que no conocemos. Pero el hecho es que la gente está muriendo. Nos afligimos cuando alguien que amamos muere. ¿Por qué? Porque nos hemos tomado el tiempo para pensar en la muerte. Le hemos dado significado a la muerte. Esto se aplica a todo.

Volviendo a donde lo dejamos, las circunstancias son neutrales. Tiene el poder de hacer que signifique lo que sea que piense. Y la deuda no es una excepción. En otras palabras, la deuda es neutral. Ni mala ni buena.

En particular, su deuda actual es neutral. Esto no significa endeudarse en los siguientes años, lo cual sí sería una acción. Estamos hablando de la deuda que tiene en estos momentos.

Son buenas noticias.

¿Por qué? Porque puede elegir lo que quiere que signifique su deuda.

No importa lo que su pareja, mejor amigo, mamá o primo digan acerca de su deuda, depende de usted hacer que signifique lo que usted quiera.

**Cuando elige que la deuda signifique algo malo para usted, es usted quien va a sufrir**

Muchas personas han hecho que la deuda tenga un sentido improductivo para ellos. Pocos saben que se están haciendo daño. Muchas personas se sienten avergonzadas de hablar sobre sus deudas. Algunos se consideran desesperados debido a la deuda. Luego está la mentalidad de escasez.

Aquí es donde usted comienza a pensar que no hay suficiente dinero, ni amor suficiente, ni tiempo suficiente. Y cuando comienza a pensar de esta manera, ese es el tipo de realidad que usted se crea. Entonces su cerebro comienza a crear lo que está pensando.

Entonces, si cree que su deuda es el obstáculo para lograr lo que desea lograr en la vida y que no puede tener el futuro financiero exitoso que siempre soñó, entonces será así.

"Sí", usted dirá: "Quiero hacer todas las cosas que me he propuesto en la vida, pero no tengo dinero en el banco debido a mi deuda".

En lugar de perder el tiempo pensando en lo que no puede lograr o tener debido a su deuda, piense en lo que es posible con su deuda.

Esto se define como pensamiento abundante. Si no lo conoce, se trata de la forma en que cree que siempre hay suficiente tiempo, suficiente dinero y suficiente de todo.

Bien, tiene una deuda. ¿Y qué?

Al sentir que le ha sucedido a usted, no lo ayudará en absoluto. Sin embargo, si pregunta qué puede hacer su deuda, le ayudará.

**La forma en que se siente sobre la deuda define sus acciones**

Lo que decida creer sobre su deuda determinará cómo va a pensar sobre la deuda.

Tenga en cuenta que sus pensamientos crean sentimientos. Sus sentimientos desencadenarán sus acciones. Finalmente, sus esfuerzos desencadenarán sus resultados.

Por ejemplo, si siente que su deuda es vergonzosa, puede experimentar vergüenza.

Si cree que la deuda es culpa de otra persona, experimentará autocompasión e identificarse como una víctima.

Sin embargo, si cree que su deuda es una oportunidad, se sentirá empoderado. Lo que sea que piense acerca de su deuda definirá la forma en que piensa de ella.

La forma en que se siente acerca de la deuda es más importante que cualquier otra cosa porque genera acción.

Esté atento a la forma en que se siente acerca de su deuda, es más importante que cualquier cosa.

Para elegir cómo se siente con respecto a su deuda, decida cómo desea que se convierta el resultado y trabaje hacia atrás.

Por ejemplo, si el resultado es liberarse de la deuda desde el punto de la abundancia, entonces usted quiere pensar que su deuda es una oportunidad. Esto lo hará sentirse empoderado, lo que hará que actúe y salga de la deuda.

Si aún no comprende cómo funciona esto, deberá ponerlo en práctica y obtener sus resultados. No perderá nada al intentarlo. Su cerebro disfruta resolviendo problemas. Si se pregunta, "¿cómo puedo convertir esta deuda en una oportunidad?" cada noche antes de irse a dormir, verá una mejora y nuevas formas de pensar. Su cerebro comenzará a trabajar para encontrar esas respuestas.

Del mismo modo, podría sentirse avergonzado por su deuda. Concéntrese en reducir todos sus gastos hasta el punto de vivir en total privación y se sentirá realmente mal. Aun así, puede salir de la deuda de esta manera, pero sería desde el punto de escasez.

Esto no significa que volverse frugal sea algo malo o que no es la forma en que debe hacerlo. La táctica no es tan importante. Lo más importante son las creencias y sentimientos detrás de las acciones.

Tenga en cuenta que es mejor pensar y sentir de una manera particular que le proporcione los cambios que desea desde un lugar de abundancia.

## Desarrollar la mentalidad correcta sobre la deuda

Si quiere vivir libre de deudas, tendrá que hacer algo más aparte de desarrollar buenas prácticas de administración de dinero. También se trata de construir la mentalidad correcta para ayudarlo a salir de la deuda.

La deuda requiere diligencia y dedicación. Sin embargo, la fortaleza mental es una técnica pasada por alto que se puede aplicar para desencadenar la motivación y alcanzar el éxito más rápido.

Amy Morin, psicoterapeuta y autora, dice: "Tus pensamientos afectan la forma en que te sientes y la forma en que actúas". Luego agrega: "Si crees que pagar deudas es abrumador y doloroso, no tendrás éxito". Sin embargo, con algunos trucos mentales rápidos, puede lidiar con las preocupaciones y reducir la deuda.

Y el primer paso es cambiar su mentalidad si desea liberarse de la carga de la deuda.

**A continuación se muestran cuatro ideas importantes que debe desarrollar con respecto a la mentalidad para salir de la deuda:**

### 1. No es solo por dinero

Muchas personas piensan que el principal problema de endeudarse es la cantidad de dinero que deben pagar a los acreedores y bancos. Se imaginan todos los intereses que tendrán que pagar. O lamentan los grandes pagos y otros tipos de cargos relacionados con la deuda.

Pero la "etiqueta de precio" correcta para la deuda está lejos del gasto financiero, es el nivel de dolor que la deuda trae a su vida.

La deuda afectará su estado emocional, lo que lleva a la depresión. La deuda afecta las relaciones, haciendo que las parejas peleen, discutan, o peor aún, se divorcien. Las deudas restringen su crecimiento personal y las opciones de carrera, lo que le dificulta moverse debido a la gran cantidad de dinero que necesita para pagar su hipoteca o sus tarjetas de crédito.

## 2. Reconozca su deuda

Muchas personas que tienen deudas no lo reconocen o no están seguras de la cantidad total.

Este es el momento de enfrentar los hechos y ser abierto sobre cuánta y el tipo de deuda que tiene. Como siempre se dice, no puede solucionar un problema hasta que lo acepte. No espere a que sus acreedores comiencen el proceso de intervención: desarrolle el suyo. Esto también lo ayudará a crear una mentalidad de responsabilidad personal. Y es lo mejor no solo para pagar sus deudas, sino también para mantenerse sin deudas.

Tome un pedazo de papel o incluso busque una hoja de cálculo y escriba todas sus deudas, como préstamos para automóviles, tarjetas de crédito y préstamos estudiantiles. No puede permitirse no conocer estos detalles.

## 3. Acepte su deuda, perdónese y siga adelante

No será humano si sus emociones no se disparan cuando mira el total de sus deudas. Habrá, al menos, cierto nivel de culpa, ira, arrepentimiento y quizás algo de vergüenza. Tómese el tiempo para sentir lo que sea que esté sintiendo. La mentalidad correcta para ayudarlo a abordar sus deudas y eliminarlas es honesta y usted asume la responsabilidad. Si está atrapado en una mentalidad de culpa, le resultará muy difícil romper el ciclo de la deuda.

No intente barrer ninguna emoción debajo de la alfombra, acéptelas para que pueda pasar a la siguiente etapa. Este es también el mejor momento para pensar por qué acumuló la deuda. ¿Fue por gastos incontrolados? Tal vez estaba sin trabajo y tenía que vivir de sus tarjetas de crédito. Cualquiera que sea la razón, resuélvala para evitar que ocurra.

Algunos de nosotros aprendemos mejor al cometer errores. Considere esta deuda como una lección aprendida y avance.

## 4. No es culpa de nadie

A los humanos les gusta culpar a otros por sus deudas y problemas financieros, es decir, la esposa o esposo "irresponsable" que manejó mal las cuentas o el jefe "tacaño" que no aumentó el salario o incluso los banqueros "codiciosos" que envían préstamos y crédito.

Para eliminar la deuda, debe comprender su responsabilidad y motivarse. Debe comenzar a considerar las decisiones que ha tomado y las acciones que causaron el estado actual.

Es solo al ver su responsabilidad que se empodera. Tiene que empezar a pensar, *me metí en este lío para poder salir de él.* Cuando esté en su mejor momento, debe preguntarse: "¿Cómo contribuí a mi deuda?" Y lo más importante, "¿Qué puedo hacer para cambiar las cosas?"

Aún así, si ya tiene deudas, tenga en cuenta que esto no es su culpa, podría haber pasado por varios desafíos de la vida como un divorcio, por lo que debe evaluar lo que sucedió y comenzar a planificar cómo puede asegurar su hogar contra eventos inesperados.

¿Hubiera sido posible tener ahorros significativos? ¿Habría tenido suficiente seguro? En lugar de culpar a otros, concéntrese en lo que puede hacer actualmente para evitar que ocurra cualquier otro problema.

## 5. Deje ir las creencias limitantes

Estas son creencias que evitan ciertos comportamientos y acciones e impiden a las personas cumplir sus objetivos. Para aquellos que no creen en su potencial para superar la deuda, Payne-Stanley recomienda escribir cualquier pensamiento que actúe como una barrera para eliminarlos.

Payne-Stanely dice que cuando usted abandona las creencias limitantes, se siente aliviado y no agobiado por pensamientos e ideas que lo mantienen atrapado en deudas.

## 6. La deuda es temporal

La deuda que tiene actualmente puede ser un revés temporal y liquidarse al establecer la mejor mentalidad para lidiar con la deuda, y eso implica asumir la responsabilidad personal. Solo asegúrese de continuar manteniendo esa mentalidad para no volver a caer en las viejas acciones que generaron la deuda.

Si usted es adicto a las compras, busque una solución o volverá a endeudarse antes de darse cuenta. Si su ingreso es irregular, busque medios para crear otras formas de obtener ingresos, como una segunda ocupación.

Cree un presupuesto y manténgalo, y asígnese un derroche de efectivo para que pueda mantener una mentalidad positiva y seguir ahorrando.

Recuerde celebrar sus ganancias, no importa cuán pequeñas puedan ser, porque valen la pena celebrarlas. Su éxito a largo plazo se basa en cambiar su mentalidad que lo endeudó en primer lugar.

# Capítulo 2: Deuda: salir de ella y cómo

¿Está usted cansado de pagar las facturas de su tarjeta de crédito? ¿Quiere aprender cómo puede borrar todas sus deudas?

Si desea una solución duradera para su deuda, debe saber que el problema financiero no causa su deuda. La deuda es un problema personal. Sin embargo, la mayoría de las personas buscan soluciones financieras como medio para pagar su deuda. Por esa razón, nunca llegan a abordar la causa principal de su deuda.

**La solución permanente de la deuda**

Una definición e interpretación clara de su deuda son vitales para encontrar una solución. Ahí es donde a la mayoría de los deudores comienza a irles mal. Definen la deuda como un problema financiero y, por lo tanto, comienzan a buscar soluciones financieras.

Eso explica por qué sus problemas de deuda siguen volviendo incluso después de pagar la deuda. En otras palabras, no abordan la causa raíz de la deuda, y esto crea un canal para que el problema se repita.

Pero una solución duradera necesita un plan sólido que aproveche un principio de funcionamiento. Cuando reduce parcialmente el saldo de su deuda, solo limita los síntomas del dolor. Sin embargo, el problema principal aún existe. En otras palabras, ya está en deuda.

La causa principal de la deuda son las actitudes y hábitos de la vida personal que resultan en un gasto excesivo. Por lo tanto, lo correcto es abordar su vida en lugar de los aspectos financieros de la vida.

**Tratar con el síntoma en lugar de la causa**

Cuando siente algo de dolor o tiene dolor de estómago, lo primero que siempre querrá hacer es buscar un medicamento para aliviar el dolor. Desafortunadamente, esto no trata la causa real del dolor de estómago, por lo que los problemas subyacentes permanecen.

Ocurre lo mismo con la deuda. Muchas personas saben que necesitan ganar más y gastar menos para poder pagar su deuda. Como resultado, intentan concentrar su energía en soluciones financieras.

Una solución permanente es cambiar las actitudes y la forma de vida que condujeron al problema. Pero recuerde, usted es la causa de la deuda, por lo que depende de usted encontrar la solución.

Los problemas financieros que experimenta reflejan las decisiones financieras incorrectas que toma. A veces, ni siquiera es consciente de estas decisiones.

Por esa razón, enseñarle a un deudor a reducir sus gastos equivale a instar a alguien a que baje de peso haciendo mucho ejercicio y reduciendo su consumo de alimentos.

La mayoría de la gente sabe la respuesta para salir de la deuda, el único desafío es que no saben cómo implementar las acciones.

**Los hábitos que pueden causar su deuda**

La mayoría de los problemas de deuda son emocionales. Esta es la razón por la que verá personas que compran cosas que no pueden pagar o incluso gastan más de lo que ganan.

El principio básico en las finanzas requiere que una persona limite sus gastos. Deben gastar menos de la cantidad de dinero que ganan.

Sin embargo, esto no es tan fácil de implementar como parece. Bueno, ¿cómo puede una persona evitar las barreras emocionales que conducen a más deudas?

El medio más simple es comenzar adoptando buenos hábitos financieros que reduzcan la distancia entre lo que necesita hacer y cómo puede implementarlo. De esta manera, puede estar seguro de dar un paso en la reducción de su deuda. Al adoptar nuevos hábitos, podrá tomar decisiones de calidad que conducirán a un resultado financiero positivo.

Lo mejor es que usted es quien determina su situación financiera independientemente de su posición actual. Usted crea hábitos, y los hábitos conducen al éxito financiero a largo plazo. En otras palabras, usted estará a cargo de todo, incluida la capacidad de realizar mejoras positivas.

A continuación hay seis hábitos que usted debe considerar. Estos hábitos determinarán su éxito financiero.

### 1. Gasto emocional

Aquí hay una prueba simple que lo ayudará a saber si usted es un "malgastador emocional":

- ¿Celebra cuando compra un regalo?
- ¿Compra para la conexión social?
- ¿Tiene más de uno de los mismos productos?
- ¿Compra por entretenimiento?
- ¿Va de compras para controlar el estrés?
- ¿Se siente ansioso, culpable o arrepentido cuando compra?
- ¿Oculta sus compras de sus seres queridos o amigos?
- ¿Compra para fines de "terapia de compras"?

Si dijo "sí" a cualquiera de las preguntas anteriores, entonces está experimentando un problema de gasto emocional.

Como comprador emocional, le gusta comprar cosas que le harán sentir bien. Este es un gran problema porque puede hacer que desarrolle un hábito fisiológico.

Como resultado, puede encontrarse comprando en exceso cosas que no necesita comprar. Lo correcto es aprender a comprar cosas según sus necesidades. Asegúrese de planificar algo para comprar en lugar de compras espontáneas.

Si desea romper el ciclo de compras emocionales, tómese un descanso de dos días sin ir a comprar cuando quiera algo. Si aún necesita comprar el mismo artículo después de dos días, podría valer la pena ir a comprarlo.

### 2. Adicción

Es bastante similar al gasto emocional. La adicción puede ser de cualquier tipo, no necesariamente de compras. Debido a la adicción, necesitará comprar lo que sea que lo haga adicto. El resultado es que aumenta su deuda.

El hábito del rico es mantenerse alejado de cualquier forma de adicción y vivir saludablemente. Si experimenta problemas de adicción, deberá buscar ayuda profesional.

### 3. Derecho

Esto sucede cuando comienza a creer que necesita todas las grandes cosas de la vida sin importar su capacidad financiera. El derecho hace que busque los últimos teléfonos, televisores, automóviles y ropa de diseño. El paso correcto para evitar el derecho es comprar solo cosas que puede pagar dependiendo de la fortaleza de su bolsillo.

### 4. Gratificación inmediata

Si usted es una de esas personas que siempre quiere algo en ese mismo momento, e incluso está listo para pagarlo instantáneamente, entonces está sufriendo una gratificación instantánea.

Es importante entrenarse para buscar una gratificación tardía. Una forma es aprender a pagar en efectivo cualquier cosa que desee comprar en lugar de usar una tarjeta de crédito.

### 5. La autoestima asociada con cosas

Los anuncios a menudo intentan convencerlo de que crea que un producto en particular agregará valor a su vida. Podría sentirse más feliz o parecer más inteligente con un producto determinado. Es fácil dejarse convencer por este tipo de creencia: pocos saben que se hundirán en una gran deuda.

Lo correcto que debe hacer es aprender a separar sus sentimientos de la autoestima. Tenga en cuenta que las posesiones no definen su valor. Pregúntese por qué gasta. ¿Está tratando de satisfacer un deseo artificial o una necesidad genuina? Siga este consejo: las cosas que quiere no definen su valía como ser humano.

### 6. La complacencia

Nada aumenta más la aparición de deudas que la complacencia. La actitud del deudor podría ser: "Ya estoy endeudado, ¿cuál es el problema si gasto un poco más?"

La complacencia es una de las cosas más peligrosas porque los buenos sentimientos cuando compra un producto son diferentes del dolor que experimenta cuando desea pagar las cuentas de la tarjeta de crédito.

Debe aprender a responder de manera proactiva ante cualquier señal de advertencia de un problema financiero entrante.

### Los tipos comunes de deuda y cómo abordarlos

Acumular deudas puede parecer caer en un hoyo profundo e intentar encontrar la salida sin nada a lo que aferrarse. Sin embargo, existen algunos métodos en los que puede confiar para ayudarlo a pagar su deuda. Esta sección le enseña cómo comenzar.

Antes de comenzar a ver cómo puede abordar los tipos comunes de deudas, es vital que se familiarice con algunos de los términos que se utilizan para definir la deuda. Esto lo ayudará a saber lo que tiene:

### • Deuda garantizada

Estos son los tipos de deudas que se protegen con un activo, como un automóvil o una casa. En este caso, el activo actúa como garantía. Los prestamistas asignan un derecho de retención sobre el activo, lo que les permite recuperar el activo si el prestatario no puede pagar la deuda. Cuando el prestamista confisca el activo, generalmente se vende en una subasta. Cuando el precio vendido no cubre toda la deuda, el prestamista puede buscar al prestatario por el saldo restante, conocido como saldo de deficiencia.

Los préstamos para automóviles y los préstamos hipotecarios son algunas categorías de préstamos garantizados. Su propiedad u hogar protege su préstamo hipotecario. Si no paga estos préstamos, el prestamista puede confiscar la propiedad. Un préstamo hipotecario es otra forma de deuda garantizada porque la deuda se ha asegurado con un título de otro activo.

No puede ser propietario de un activo vinculado a una deuda garantizada hasta el momento en que haya terminado de pagar el préstamo. En ese momento, puede solicitar al prestamista que libere el activo y le otorgue el título libre de gravámenes.

- **Deudas sin garantía**

Para las deudas no garantizadas, no hay permiso otorgado a ninguna garantía para la deuda. Esto significa que si no paga la deuda, no podrán recuperar sus activos.

Aunque no pueden confiscar su propiedad como un plan de pago, se pueden tomar medidas alternativas para obligarlo a pagar la deuda. Por ejemplo, pueden emplear a un cobrador de deudas para convencerlo de que complete la deuda. Si esto no funciona, el prestamista puede decidir demandarlo y solicitar al tribunal que "embargue su salario", confisque su activo o coloque un gravamen sobre sus activos hasta el momento en que salde su deuda. También pueden informarlo a las agencias de crédito para que el pago vencido se refleje en el informe de crédito. Del mismo modo, los prestamistas de deudas garantizadas también pueden tomar las acciones anteriores.

El ejemplo más común de deuda no garantizada es el préstamo de deuda de tarjeta de crédito. Otros ejemplos de deuda no garantizada incluyen préstamos de día de pago, facturas médicas y préstamos estudiantiles.

## • Deuda de tasa de interés fija

Este es un instrumento de deuda, como un bono u obligaciones de primera que los inversores utilizan para prestar dinero a una empresa para obtener su interés. La seguridad de interés fijo tiene una tasa de interés específica que no puede cambiar en el curso del instrumento. El valor nominal se paga cuando vence el valor.

El contrato de fideicomiso tiene la garantía de interés fijo que se paga con la garantía de interés fijo. Esto se paga hasta que el bono vence. La ventaja de la seguridad de interés fijo es que los inversores ya son conscientes de cuánto interés van a ganar durante la vida del bono. Siempre que la parte emisora no incurra en incumplimiento durante el período de vida del bono, el inversor puede calcular la estimación de su rendimiento.

Sin embargo, este tipo de deuda también es propenso al riesgo de intereses. Dado que su tasa de interés es constante, estos valores se depreciarán a medida que los precios aumenten en una condición de tasa de interés creciente. En caso de que el costo de los intereses caiga, la seguridad de interés fijo aumenta de valor.

Para este tipo de deudas, no son más riesgosas que las acciones. A pesar de esto, se dice que los poseedores de bonos son acreedores no garantizados. Por lo tanto, es posible que no reciban todo su capital de regreso.

## Deuda con tasa de interés variable

En pocas palabras, esta tasa de interés particular está relacionada con una tasa de interés clave llamada índice. Cualquier cambio en el índice afectará la tasa de interés que paga por los préstamos, y eso también cambiará. Tener una tasa de interés variable puede resultar en un gasto excesivo para cancelar su deuda de lo que había planeado. Antes de elegir un nuevo préstamo de tasa variable, es importante leer los términos.

Cuando selecciona una nueva tarjeta de crédito o un nuevo préstamo, puede dar por sentado que la tasa de interés siempre será la misma. Pero eso no es necesariamente cierto.

Ciertos productos financieros tienen una tasa de interés variable, esto significa que la cantidad de intereses que tiene que pagar sobre el dinero que pide prestado puede estar sujeta a algunos cambios periódicos.

La mayoría de los productos financieros tienen una tasa de interés variable, esto incluye:

1.    Préstamos para automóviles
2.    Préstamos privados para estudiantes
3.    Tarjetas de crédito

Los prestamistas pueden reducir las tasas variables como respuesta a índices esenciales, como la tasa preferencial. Cuando el índice al que se conecta su tasa de interés variable cambia, su prestamista puede decidir cambiar la tasa de interés. Y cuando esto sucede, su pago mensual puede aumentar o disminuir.

Sin embargo, no todos los préstamos tienen tasas variables. En caso de que un préstamo tenga una tasa de interés fija, esto significa que no estará sujeta a los mismos cambios en una tasa de índice.

Si selecciona un préstamo que tiene una tasa de interés variable, puede ser un riesgo financiero, pero en algunas raras ocasiones, puede ser una mejor opción que la hipoteca de tasa fija.

**¿Con qué frecuencia cambia la tasa?**

Los cambios en la tasa de interés dependen de los términos de financiamiento y la tasa de índice en la que se basa su prestamista. Por ejemplo, las tarjetas de crédito están comúnmente vinculadas a la "tasa preferencial de los Estados Unidos del Wall Street Journal", que es la tasa de referencia para préstamos corporativos. El número de cambios en las tasas de interés a los que está sujeto puede cambiar significativamente. Por ejemplo:

• Las tarjetas de crédito de tasa variable generalmente cambian simultáneamente con los cambios de la Reserva Federal a la tasa de fondos federales, que puede tener lugar varias veces en un año.

• La tasa variable de los préstamos estudiantiles puede cambiar cada vez.

• Las hipotecas de tasa ajustable generalmente permanecen iguales durante los primeros tres o cinco años, y luego cambian periódicamente.

**¿Me pueden notificar cuando mi tasa está cambiando?**

La "Ley de Veracidad en los Préstamos" garantiza que conozca toda la información relacionada con las tasas de interés antes de cerrar un préstamo. Como resultado, es responsabilidad del prestamista revelar el APR si es variable o fijo cuando se registra para un préstamo de automóvil o hipoteca.

Para ciertos préstamos, también recibirá un aviso antes de que cambie cada tasa. En la hipoteca de tasa ajustable, se supone que su administrador de préstamos le entregará un aviso al menos siete meses antes del aumento en el pago de su hipoteca. Luego, se le notificará dos o cuatro meses antes de cada pago cuando el cambio afecte su tarifa mensual.

La "Ley de Veracidad en los Préstamos" requiere que todos los acreedores tengan información sobre su APR y determinen si es fija o variable antes de registrarse para una tarjeta de crédito.

Se supone que los emisores de tarjetas de crédito no le notifican cuando su tasa variable está a punto de cambiar, pero algunos lo hacen voluntariamente.

**¿Cuándo es mejor la tasa variable?**

Las tasas de interés variables pueden ser bastante arriesgadas. Cuando el pago de su deuda aumenta cada mes, o incluso anualmente, puede hacer que las cosas sean difíciles de cumplir con un presupuesto. Pero a veces, una tasa variable puede ser la mejor para usted.

### Tarjetas de crédito de tasa variable

La mayoría de las APR de tarjetas de crédito no son fijas, por lo que es posible que no tenga más opción que elegir una tarjeta de tasa variable. A diferencia de los préstamos, puede evitar cualquier interés sobre los bienes que compra utilizando tarjetas de crédito al liquidar su saldo antes de la fecha de vencimiento todos los meses o durante un tiempo de introducción de interés del 0%.

Cuando el índice vinculado a su tasa aumenta, el emisor de crédito puede decidir solicitar el aumento a saldos preexistentes. La mayoría de las compañías de tarjetas de crédito cobran el mayor interés por todo el ciclo de facturación, incluso cuando el índice solo aumentó hacia el final del ciclo.

### Los préstamos a tasa variable

La tasa de los préstamos a tasa variable puede reducirse cuando los índices caen, pero las hipotecas con tasa ajustable no siempre siguen el mismo patrón. Algunos incluso pueden poner límites a la cantidad que puede caer su interés.

Pero bajo las condiciones correctas, un préstamo a tasa variable puede ser más rentable que un préstamo a tasa fija.

La razón es que la tasa de interés de los préstamos variables puede comenzar mucho más baja en comparación con los préstamos de tasa fija, y luego puede aumentar con el tiempo. Para las hipotecas de tasa ajustable que tienen un período de tasa fija inicial, si sabe que va a cambiar una casa o incluso venderla antes de que las tasas aumenten significativamente, una tasa variable puede ahorrarle dinero.

Sin embargo, si permanece en la casa más allá del período de tasa fija, sus pagos pueden aumentar drásticamente. Esto podría dificultar el pago de su saldo.

En general, una tasa de interés variable puede aumentar el pago total de la deuda. Esa es la razón por la que debe prestar atención a las tasas de interés y realizar algunas comparaciones antes de presentar la solicitud.

Antes de elegir un nuevo método de tasa variable, ya sea una hipoteca o tarjeta de crédito, solo asegúrese de estar listo para la tasa de interés y los pagos mensuales. Cuando esté preparado para esto, puede ayudarlo a saber si su presupuesto puede permanecer estable durante el peor de los casos.

## Condiciones de pago fijas

Aquí es donde los términos del pago definen la fecha de vencimiento del pago. La fecha de referencia se determina y extrae de las condiciones de pago que se utilizan como referencia para determinar la fecha de vencimiento del pago.

## Periodo de reembolso variable

El interés de reembolso variable está preparado para cambiar de vez en cuando. Esto significa que aumentará y disminuirá durante toda la hipoteca. En otras palabras, el reembolso puede cambiar en todo el plazo de la hipoteca. Puede establecer pagos adicionales a la hipoteca de tasa variable en cualquier período.

## Deducible

Este tipo de préstamo es adecuado para una circunstancia personal y, por lo tanto, puede contener beneficios fiscales como una hipoteca o incluso un préstamo estudiantil.

## No deducible

Un tipo de préstamo que generalmente se usa para comprar un activo en aumento o una nueva habilidad, como préstamos personales o tarjetas de crédito.

## Tarjetas de crédito

Independientemente de lo molesto que pueda ser, debe tener un registro de todas sus deudas de tarjeta de crédito. Anote su deuda más la tasa de interés de cada tarjeta. Póngase en contacto con cada emisor y ofrézcales una descripción detallada del motivo por el que no puede pagar y la cantidad que puede administrar.

También debe tratar de discutir con ellos cómo pueden reducir el interés en cada una de sus tarjetas de crédito. Una reducción de un punto aún le permitirá reducir la deuda.

Una vez que sepa la cantidad de la deuda que tiene que pagar, determine el tiempo que tomará. Esto lo ayudará a establecer un período y un desglose de cómo va a pagar al final de cada mes.

En caso de que tenga un presupuesto ajustado, puede comenzar pagando el menor gasto cada mes e intentar hacer el mismo pago después de dos semanas. Continúe pagando la suma inicial cada mes hasta que lo complete.

Esta táctica se usa mejor cuando le pagan después de cada dos semanas porque puede pagar tan pronto como reciba dinero en su cuenta. Si no le pagan cada dos semanas, intente reservar suficiente cantidad de cada sueldo para completar los dos pagos mínimos cada mes.

**Hipoteca**

Ya sea que haya solicitado una hipoteca en los últimos días o haya estado pagando una durante años, existen métodos que puede probar para reducirla y ahorrar dinero. Hacer un esfuerzo para liquidar su hipoteca por adelantado es una gran motivación porque aumentará tanto su seguridad como la seguridad de su familia. Además, podrá reservar algo de dinero para liquidar otras deudas. De esta manera, aumentará sus ahorros.

**Cómo puede reducir su hipoteca**

Si cree que la hipoteca de su casa es abrumadora y desea reducir el pago mensual, a continuación, hay cuatro métodos que puede adoptar:

## 1) Refinanciar la hipoteca

¿Es correcto refinanciar? Depende del período del préstamo y del intervalo entre la tasa de interés más reciente y la esperada.

"Los préstamos hipotecarios se amortizan": esto significa que los intereses se pagan al comienzo del período del préstamo, mientras que el principal se paga al final.

Por esa razón, la tasa de interés es crítica al comienzo de cada período. En otras palabras, la tasa de interés es de poca importancia al final del plazo cuando el principal es el primer pago. Esto significa que, para una nueva hipoteca, debe considerar la refinanciación.

Sin embargo, la refinanciación consume unos pocos miles de dólares en gastos de cierre. Por lo tanto, habrá poca diferencia entre las tasas de interés antiguas y las nuevas.

## 2) Reduzca su PMI

¿Tiene una hipoteca privada? Si compró una casa con un depósito inferior al 20%, podría estar pagando PMI. Este agrega cientos de dólares a la hipoteca al final de cada año.

Hay buenas noticias: no pagará PMI para siempre. Lo primero es pagar una cantidad suficiente de la hipoteca para que reciba el 20% del capital. Además, puede recibir su participación anticipada cuando el valor de su casa aumenta.

Luego, póngase en contacto con su prestamista y descubra el proceso para reducir el PMI. Los prestamistas no disminuirán el PMI automáticamente, es por eso que necesita pedirlo. La mayoría de los acreedores enviarán un tasador para definir el valor de la propiedad al acreedor como verificación de que ha recibido el 20% del capital.

## 3) Seleccione un préstamo más largo

Cuando experimente la complicación de los costos mensuales extremos que implican una hipoteca de 15-20 años, puede extender la hipoteca al período tradicional de 30 años para reducir sus gastos mensuales.

Lo malo es que su tasa de interés aumentará. Lo bueno es que puede decidir hacer un pago adicional en la hipoteca como si estuviera pagando un préstamo a 15-20 años. Estos pagos adicionales lo ayudarán a completar el préstamo más rápido, sin ningún mandato de hacer un pago extenso, digamos que hay una crisis que hace que usted tenga "falta de efectivo" durante uno o dos meses.

### 4) Desafiar la evaluación fiscal

Este es un método inusual para reducir su pago mensual. Un gasto hipotecario tradicional contiene la cantidad principal, los intereses y la "retención", que pueden ser un gasto mensual que el prestamista asigna a los impuestos a los activos y al seguro del propietario.

Por lo tanto, si se niega a pagar la hipoteca, el condado puede imponer un gravamen sobre sus activos. Un derecho de retención del gobierno dará prioridad al reclamo del prestamista.

Por esa razón, el prestamista puede elegir los impuestos a la propiedad todos los meses para asegurar el interés en su propiedad. Este pago se mantiene en un depósito en garantía hasta el momento en que llegue la factura anual del impuesto sobre la propiedad. El impuesto a la propiedad depende de la evaluación fiscal del condado de la cantidad que vale la casa y la tierra.

La mayoría de estas evaluaciones son más altas, especialmente durante el colapso de la casa, que redujo los valores de la casa. En algunos casos, la evaluación es mayor cuando se rezonifica la región. La nueva zonificación hará que los precios de las propiedades se reduzcan, y los precios reducidos no se reflejarán en la evaluación.

Es importante hacer planes apropiados para completar su hipoteca a tiempo. Cada vez que reciba un aumento en sus ingresos, considere canalizarlo hacia sus deudas.

## Préstamos estudiantiles

La educación es otra forma de deuda que se ha vuelto cada vez más popular entre los jóvenes. Dicho esto, hay muchas maneras de reducir sus préstamos estudiantiles en comparación con otros tipos de deuda. Esto incluye elegir ser voluntario como medio de intercambio para préstamos estudiantiles. Incluso puede aplicar la herramienta de aproximación de "reembolso del Departamento de Educación" para saber el tiempo que puede tomar para liberarse de un préstamo estudiantil.

Si puede planificar, puede evitar futuras deudas de préstamos estudiantiles. Aquí hay algunas formas en que puede adaptarse para reducir sus préstamos estudiantiles:

- Becas: se otorgan según la necesidad financiera individual o, a veces, el éxito académico. Incluso si obtiene algunos premios que le pagan algunas pequeñas cantidades, eso sigue siendo un progreso en la reducción de su deuda estudiantil.
- Subvenciones: son lo mismo que las becas, aunque se otorgan a través de organizaciones o del gobierno.
- Programas de trabajo-estudio.
- Construya una fuente pasiva de ingresos para que al menos pague un porcentaje de su préstamo estudiantil.
- Intente el pago basado en el ingreso: si obtiene ganancias considerables, puede calificar para el plan de pago basado en el ingreso.

Los préstamos estudiantiles pueden ser bastante desafiantes porque no sabrá lo que va a recibir cuando los solicite. Sin embargo, puede usar algunas de las tácticas mencionadas para ahorrar más y pagar sus préstamos estudiantiles.

## Salir de la deuda

Para ayudarlo a alcanzar su libertad financiera, la siguiente es una guía paso a paso que le garantizará desarrollar un plan de pago de deudas y así reducir su deuda. Ya sea porque no tenga dinero o porque sus ingresos sean bajos, aún puede adoptar la siguiente guía paso a paso para eliminar todas sus facturas.

Veamos los pasos y lo ayudaremos a salir de la deuda para siempre.

## Paso 1: Determine la cantidad de la deuda que debe

Es imposible desarrollar un plan de pago de deudas cuando no sabe cuánto dinero necesita pagar. Es fundamental que sepa exactamente a qué se dirige. Este es el momento de resumir mentalmente todas sus deudas de ese saldo de tarjeta de crédito de 20 $ a sus préstamos para automóviles de 20.000 $ y compilar todo en uno.

Tome nota de todas las deudas que tenga, cuánto debe pagar, la tasa de interés y el pago mínimo.

Si no está seguro acerca de su tasa de interés, dedique algún tiempo a abrir sus cuentas y busque el número exacto. Una tasa de deuda de alto interés es un lastre masivo para sus logros que una deuda de menor interés, por lo que necesita saber cuál es cuál.

Agregar todo en blanco y negro puede dar bastante miedo, pero se estará preparando para reducir ese número.

## Paso 2: Seleccione su estrategia: Avalancha de deuda vs. Bola de nieve de deuda

Una vez que sepa cuánto debe pagar, es hora de elaborar un plan de acción sobre cómo va a pagar todas sus deudas.

Elegir pagar una pequeña cantidad de dinero en cada deuda al final del mes, sin supervisión, es una forma segura de perder la esperanza. No pasará mucho tiempo antes de que se rinda.

La forma correcta de pagar la deuda es concentrarse en una sola deuda hasta que esa deuda esté totalmente pagada. Por ahora, pague pequeñas cantidades de las deudas restantes.

Esto le proporcionará objetivos para mirar hacia atrás y celebrar, le motivará a seguir adelante y se asegurará de estar organizado durante todo el período.

Pero la pregunta es: ¿cómo puede elegir la primera deuda con la que comenzar?

Hay dos estrategias cuando usted quiere decidir, el "Método de bola de nieve de la deuda" y el "Método de avalancha de deuda".

**Estrategia de bola de nieve de la deuda**

Si puede recordar cuando solía jugar a la bola de nieve en el patio cuando era un niño, entonces posiblemente aprendió que el método más rápido para encontrar tracción era poner la nieve en una bola apretada y comenzar a rodarla en el patio. A medida que comienza a adquirir impulso y velocidad, la bola de nieve comienza a parecerse a una roca de nieve.

Esta es una gran técnica para crear bolas de nieve, e incluso es una forma efectiva de cancelar todas sus deudas no hipotecarias.

Es por eso que se llama el método de bola de nieve de la deuda. Este método comienza cuando está en la etapa Bebé 2. Durante esta etapa, está al día con todas sus facturas y tiene aproximadamente 1.000 $ en fondos de emergencia de primer curso ahorrados. Es posiblemente un punto de inflexión significativo en todo su proceso de hacer dinero.

**Entonces, ¿cómo funciona el método de bola de nieve de la deuda?**

Este método lo ayudará a reducir su deuda. Implica pagar su deuda, comenzando con la más baja a la más grande, y ganando impulso a medida que continúa reduciendo su saldo. Una vez que complete el pago de la deuda más pequeña, puede transferir el dinero para pagar la deuda al saldo más bajo.

Se parece a algo como esto:

1. Organice sus deudas comenzando de menor a mayor sin tener en cuenta la tasa de interés.

2. Pague una pequeña cantidad en todas sus deudas, excepto la menor cantidad.

3. Ahora, pague lo más que pueda en la de menor cantidad.

4. Repita el proceso hasta que borre todos sus saldos.

Cuando utilice el método de bola de nieve, pague todos los pagos mínimos, excepto la factura médica. Supongamos que gana unos 500 $ adicionales cada mes porque tiene un trabajo a tiempo parcial y reduce sus gastos al mínimo posible.

**¿Por qué funcionará este método?**

Esta estrategia está relacionada con la modificación del comportamiento, pero no con las matemáticas involucradas. Cuando se reduce, la esperanza tiene más que ver con la ecuación que las matemáticas. Esto significa que, si comienza a pagar su deuda estudiantil porque es la deuda más importante, no la cancelará de inmediato. Verá que su saldo se reduce, pero pronto perderá el impulso porque parecerá que está tardando mucho en pagar. Aparte de esto, tendrá que pagar otras cantidades pequeñas.

La razón por la que se llama bola de nieve de la deuda se debe a la cantidad que se esfuerza por pagar para liquidar su saldo cada mes: siga pagando la misma cantidad hasta que se cancelen sus deudas.

**Método de avalancha de deuda**

En pocas palabras, este método requiere que priorice la tasa de interés más significativa a la más baja, pero ignorando el tamaño.

El procedimiento de la avalancha de deudas es el mismo que el de la bola de nieve de la deuda, excepto que, con el siguiente método, planea reducir los costes de intereses. No hay ganancias adicionales para los acreedores codiciosos.

Con este método en particular, comienza pagando la deuda con la tasa de interés más sustancial, sin importar el tamaño de la deuda. Luego puede pasar a la próxima deuda con la tasa de interés más grande.

¿Por qué elegir avalancha en lugar de bola de nieve? La razón radica en eliminar los costos de alto interés. Primero, colocará la mayor parte de su dinero en el capital inicial con el tiempo, en otras palabras, saldrá de la deuda más rápido.

**Elija con qué deuda lidiar primero**

Lo más importante es obtener esas ganancias rápidas mediante el pago de pequeñas deudas, o incluso la menor cantidad de intereses.

Ambos métodos de deuda tienen sus ventajas. Aunque la bola de nieve de la deuda no es la forma más barata de pagar la deuda, es efectiva. Apuntar a una vida libre de deudas puede ser un proceso difícil, según el punto de partida, y el pago de algunas deudas desde el principio puede hacerlo feliz rápidamente para continuar pagando.

**Paso 3: haga algunos grandes cambios**

Aunque los pequeños cambios diarios son esenciales, algunos cambios importantes pueden llevarlo a cancelar su deuda. Preste atención a las siguientes ideas y decida si el gasto que representan es importante para usted.

**Elimine las tarjetas de crédito**

¿Las tarjetas de crédito generan una gran deuda para usted? Podría ser el momento de ponerles fin.

Si la deuda de una tarjeta de crédito es un gran problema, cambie a efectivo y tarjetas de débito que pueden cambiar sus gastos. Nada es más doloroso que pagar la deuda cuando sabe que la aumentó accidentalmente mediante la compra impulsiva de tarjetas de crédito.

Una vez que esté libre de cualquier deuda, puede volver al asunto. Por el momento, las recompensas con tarjeta de crédito no pueden eliminar sus cargos por intereses.

### Venda su auto

Cuando tiene un pago de automóvil grande, debe optar por un modelo más barato para reducir la deuda y los costes del seguro.

Busque buenas ofertas de automóviles más allá de los nuevos concesionarios de automóviles. Obtendrá más oportunidades para ver las ventas privadas. Sin embargo, asegúrese de tener un mecánico profesional para revisar el automóvil antes de comprarlo.

Si no tiene un pago de automóvil, puede elegir si su familia requiere uno o dos automóviles. Llevar a su pareja al trabajo cada mañana puede parecer una gran molestia, pero si los 20 minutos adicionales pueden ahorrarle 600 $ al mes, podría valer la pena.

### Deje de invertir

Ahorrar para el futuro es importante, pero cuando tiene una gran deuda que se lo impide, tendrá que establecer sus prioridades. Si deja de invertir temporalmente, puede colocarlo en un estado mucho mejor para invertir bien en el futuro. Considere cada dólar que ahorre en costos de intereses como un dólar que se invierte sabiamente.

Sin embargo, no es recomendable reducir su 400 k a un punto en el que no obtenga la igualación completa del empleador. Eso es dinero gratis, y el rendimiento inmediato es más alto de lo que está pagando como interés.

### Venda posesiones sin uso

Podemos hacer todo con la reducción de cosas. Pero en lugar de tirar artículos que no usa al contenedor de basura, puede ponerlos a la venta en Craigslist, Facebook o incluso LetGo.

En promedio, las personas tienen más de 1.000 $ en artículos que no usan en su casa. La pequeña ventaja de este proceso es que aprenderá cuántas cosas había comprado por una mayor cantidad de dinero en efectivo cuando no las necesitaba. Al darse cuenta de esto, puede decir no a gastar innecesariamente en el futuro.

**Cortar el cable**

Estamos en 2019. La mayoría de sus programas favoritos están en línea, por lo que se ha vuelto aún más fácil verlos. Ahora, si aún no ha cortado el cable, es hora de hacerlo. Los paquetes de cable convencionales cuestan más de 100 $ por mes y pueden arrastrarlo financieramente.

**Paso 4: cree un presupuesto mensual**

Si desea saber la cantidad de dinero que necesita reservar cada mes para pagar sus deudas, entonces necesita tener un presupuesto. Un presupuesto razonable lo ayudará a rastrear a dónde va su dinero. Le alertará dónde el dinero no se está utilizando correctamente. También lo alertará sobre cuánto puede pagar por las cosas que desea.

Al crear un presupuesto y darse un poco de flexibilidad, aprenderá a manejar el estrés al comprender que siempre hay dinero en el banco para las cosas que desea.

**Cómo puede controlar su presupuesto**

Antes de comenzar, tenga en cuenta que el presupuesto que desarrolla hoy cambiará con el tiempo. Sus hábitos y categorías de gasto cambiarán en los primeros meses. Y eso está bien. Necesitará algo de tiempo para adaptarse a la supervisión de sus gastos y mantenerse al tanto de sus necesidades.

**Cómo crear un presupuesto siguiendo cinco sencillos pasos**

**1. Determine la cantidad de dinero que gana**

Averigüe cuánto le pagan por período. Esto es con lo que va a trabajar.

**2. Determine sus gastos principales**

Comestibles, vivienda, seguros y servicios públicos. Estos son costes no negociables que deben cubrirse primero.

**3. Escriba sus pagos de deuda**

Por el momento, supongamos que solo realiza un pago mínimo de todas sus deudas porque esa es la cantidad necesaria.

### 4. Cree categorías para gastos regulares y asigne límites de precios razonables para cada artículo

No tenga miedo de tener muchas categorías de presupuesto. Esto lo ayudará a comprender cómo funcionan las cosas. Algunos gastos ordinarios incluyen productos para el hogar, teléfonos celulares, costes médicos, reparación de automóviles y reparación de viviendas. Tenga en cuenta que no todos los productos tendrán un costo cada mes, pero si puede reservar algo de dinero para los gastos irregulares, estará preparado cuando llegue el momento.

### 5. Asigne el efectivo restante entre el pago de la deuda y los gastos diarios

El dinero restante de sus ingresos después de haber completado el Paso 2 - El Paso 4 es la cantidad de dinero que ha recaudado para alcanzar sus objetivos y diversión. Además, es posible que desee dejar espacio para regalos, cenas, matrícula en el gimnasio y muchos más. Divida el efectivo de una manera que funcione para usted.

Aunque es posible que desee administrar sus objetivos rápidamente, recuerde reservar algo de dinero de bolsillo. Incluso si solo va a pagar un café en Starbucks cada mes, estos pequeños obsequios lo mantendrán motivado.

Si le queda algo de dinero después del Paso 4, es posible que deba evaluar sus gastos básicos y regulares. Sin cambios masivos en el estilo de vida, puede estar atrapado y experimentar un gran problema para salir de la deuda.

A medida que se acostumbre al presupuesto, no tenga miedo de transferir dinero de un lado a otro. Nunca existe un mes normal. No gaste demasiado y se salga del camino por completo al no poder predecir con precisión el costo de la reparación de una casa.

**Utilice Trim para reducir sus facturas mensuales**

Si desea reducir sus facturas sin negociar con una empresa, entonces Trim es la mejor herramienta.

Trim es una herramienta útil para ahorrar dinero. La aplicación gratuita le enviará actualizaciones sobre cuánto está gastando a través del texto y buscará suscripciones no deseadas, y las cancelará por usted, al mismo tiempo. Puede negociar su factura de internet.

**Paso 5: reduzca sus tasas de interés para ahorrar dinero**

Cuanto menor sea la cantidad de interés que paga a sus acreedores, más rápido evitará su deuda. Siga leyendo para saber cómo puede disminuir sus tasas de interés.

**Refinanciación de préstamos estudiantiles**

Si los préstamos estudiantiles lo están retrasando, puede decidir refinanciar a una tasa mucho más baja por un período más corto.

Al reducir el plazo de sus préstamos, una tasa de interés más baja posiblemente aumentará su pago mensual. Sin embargo, con menos años de pago, puede ahorrar bastante.

**Descuentos por las tasas de interés de su tarjeta de crédito**

Recuerde que las tasas de interés de las tarjetas de crédito no son fijas. El mercado es muy competitivo para la compañía de tarjetas de crédito, lo que significa que deben ser flexibles para retener clientes.

Si usted es un cliente desde hace mucho tiempo y tiene una mejor reputación, puede llamar y solicitar una reducción de intereses. En la mayoría de los casos, estarán conformes con reducir el corte y mantenerlo como cliente.

Algunas de las cosas que debe hacerles saber para que puedan escucharlo es decirles el período en que usted ha sido un cliente leal y que le gustaría continuar siendo leal. Sin embargo, al mismo tiempo, hágales saber que otras compañías de tarjetas de crédito están ofreciendo una tasa de interés más baja, que podrían ser tasas introductorias de 0% para las transferencias de saldo. Probablemente aceptarán su solicitud.

## Haga planes para una tarjeta de crédito de transferencia de saldo

Si no puede reducir sus tasas de interés, debe hacer planes para una transferencia de saldo, lo que le permitirá transferir deudas de una tarjeta de crédito a otra usando una tasa más baja, a veces incluso 0%.

Efectivamente, pagará una sola tarjeta de crédito con otra. Sin embargo, cuando la diferencia en la tasa es lo suficientemente amplia, eso podría ahorrarle dinero. Solo asegúrese de tener todos los detalles antes de comenzar una transferencia. La mayoría de las tarjetas de transferencia de saldo cobran una tarifa del 3% al 5%. Además, podría haber límites en la cantidad que uno puede transferir.

Aunque el 0% de interés parece fantástico, solo elija una transferencia de saldo cuando esté seguro de pagar la deuda. Asegúrese de que puede borrar el saldo durante el período de 0%. Si no, estará jugando con su saldo.

### Paso 6: cambie sus hábitos de gasto

Debe reconocer una mentalidad frugal para poder limitar sus gastos y perseguir eficazmente sus objetivos. Si no está seguro de por dónde comenzar, puede comenzar con las cosas importantes.

### Ahorre dinero en comida todos los meses

Se dice que el estadounidense promedio gasta alrededor del 10% de su presupuesto en alimentos, uno de los más altos después de la vivienda. Es importante comer, pero de nuevo, pagamos mucho por ello. A continuación, le mostramos cómo puede reducir su gasto en alimentos:

### Deje de comer fuera

Comer en un restaurante no solo es muy costoso, sino que también es arriesgado para su cintura. Las comidas que se sirven en un restaurante son bastante caras y en más cantidad que la cena promedio preparada en casa.

Más del 4% del presupuesto estadounidense se gasta en alimentos externos. Si elimina las comidas de su presupuesto, al menos hasta que no tenga deudas, podría ser útil.

**Evitar compras impulsivas**

Antes de su viaje semanal al supermercado, dedique un tiempo a crear una lista. Mire las ofertas en línea de su supermercado y use la aplicación Ibotta para ver qué tiene descuentos. Desde aquí, puede elaborar un plan de comidas y enumerar sus artículos.

Una vez que entre en la tienda de comestibles, asegúrese de cumplir con su lista. Para limitar cualquier compra adicional provocada por el hambre, asegúrese de tomar algunos refrigerios antes de ir a la tienda.

**Aprenda a decir "NO"**

Ir de compras y beber con sus amigos es muy tentador. Sin embargo, cuando estas cosas están incluidas en sus gastos, está sacrificando su futuro en el momento solo para divertirse un poco.

No tenga miedo de decir "no" a cualquier evento que no pueda soportar, sin embargo, no es necesario aislarse en su viaje para liberarse de sus deudas. Simplemente prepárese para ofrecer una opción diferente. Puede recomendar una noche de juegos en su casa, y esto significaría más tiempo de calidad con sus amigos por menos dinero.

**Deje sus pasatiempos costosos**

Si usted gasta 100 $ al mes en clases de yoga, eso no es muy realista cuando está tratando de pagar sus deudas. Este es el momento en que necesita renunciar a sus pasatiempos costosos, o incluso buscar pasatiempos de menor costo, como un club de lectura mensual.

## Paso 7: aumentar el nivel de sus ingresos

La vida frugal es excelente, pero hay límites. Es difícil ahorrar más de lo que puede ganar. Para que pueda llevar su viaje libre de deudas a otro nivel, ya es hora de que genere un poco de masa extra.

### Solicitar un aumento de sueldo

Si sabe que ha estado trabajando duro y aportando valor a su empresa, no estaría mal solicitar un aumento.

No deje caer la solicitud en el regazo de su empleador. Solicite comentarios, desarrolle sus habilidades y asuma más responsabilidad. En el camino, puede permitir de forma proactiva a sus superiores saber lo que han logrado. Desea que su gerente se dé cuenta de que necesita un aumento incluso antes de cruzar la puerta.

### Comience un trabajo extra

Si sabe que puede obtener algo de tiempo libre, comprométase a hacer algo que le guste para ganar algo de dinero. Como la persona promedio pasa cinco horas viendo televisión todos los días, puede estar seguro de que tendrá ese tiempo. Incluso puede comenzar hoy registrándose en sitios en línea como Survey Junkie, o incluso revisar sitios web utilizando User Testing.

### Comience un negocio en línea de bajo costo

Internet ha simplificado muchas cosas, por ejemplo, puede comenzar un negocio con cero costos iniciales. Establezca una tienda en línea como escritor independiente, asistente virtual y corrector de pruebas y brinde sus servicios a empresas que deseen externalizar su trabajo. Puede trabajar tantas horas como desee con algunas personas convirtiendo su negocio en un trabajo de seis cifras.

Busque clientes llamando a empresas locales, publique su nuevo negocio en LinkedIn o incluso muestre sus servicios en Upwork.

**Compilando todo**

Ya sea que se esté desmoronando o no tenga dinero, es importante seguir los pasos anteriores para quedar libre de deudas para siempre.

Una vez que tenga un plan de acción sobre cómo puede salir de la deuda, alcanzar la libertad de la deuda requiere paciencia. Permanezca centrado en su objetivo, cumpla con su presupuesto, reduzca el grosor de sus gastos y busque los medios para generar más ingresos y acelerar todo el proceso.

**Tres consejos útiles para cancelar la deuda de su tarjeta de crédito**

Tener un hábito financiero saludable le permitirá dormir cómodamente y disfrutar de su descanso.

Si alguna vez se despertó mientras dormía por la noche y tembló por la cantidad de deuda que tiene que pagar, no está solo. La deuda de las tarjetas de crédito es el segundo tipo de deuda más popular después de la deuda hipotecaria. La familia estadounidense promedio tiene una deuda de tarjeta de crédito de aproximadamente 8.377 $. Es un dato que aparece en la web de finanzas personales WalletHub, que analizó la deuda de tarjetas de crédito en 2016.

Como recordatorio, la deuda puede ser buena o mala. Una buena deuda es una que puede usar para ganar más activos. La deuda incobrable es una que lo atrasa en lugar de impulsarlo hacia adelante. En la mayoría de los casos, la deuda de las tarjetas de crédito es una forma de deuda incobrable. Esa es la razón por la que necesita eliminarla: no está haciendo ningún bien en su vida. A continuación, se muestran algunas recomendaciones para reducir la deuda de su tarjeta de crédito de una vez por todas:

**1. Pague las tarifas de su tarjeta de crédito cada mes**

Las tarjetas de crédito también tienen una ventaja, por lo que no debe destruirlas ni tirarlas al congelador. En cambio, debe usarlas como una conveniencia, una herramienta de monitoreo de registros y como un medio para confirmar a otros acreedores y la capacidad de ser responsable financieramente.

A partir de hoy, de ahora en adelante, evite acumular deudas de tarjetas de crédito adicionales. Si compra un artículo con su tarjeta de crédito, asegúrese de borrar esa cantidad cuando se le presente el estado de cuenta. Si la deuda de su tarjeta de crédito es más de 30 días, entonces debe pagar toda la deuda y crear un plan para pagar la deuda de la tarjeta de crédito.

El interés de la tarjeta de crédito a menudo se agrava. Por ejemplo, supongamos que tiene una deuda de 200 $ y acumula un 20% de interés por mes. En el primer mes, recibirá 40 $, que se agrega a su deuda original. En el mes siguiente, se le cobrará el 20%, lo que equivale a 48 $. En otras palabras, después de dos meses, su deuda aumentará de 200 $ a 288 $. Eso es solo tirar dinero, y nadie puede permitirse hacer eso.

## 2. Evite cargar las cosas pequeñas

Es sorprendente lo rápido que aumentan nuestras pequeñas compras. Y ahora es fácil verificar todas las compras pequeñas. 3 $ por un bálsamo labial, solo porque olvidó el suyo en casa, puede parecer pequeño, pero al final del mes, cada compra se acumulará.

El uso de papel moneda físico creará conciencia de cuánto está desperdiciando todos los días. Esto debería hacerle pensar en las pequeñas compras cuando descubre que se está quedando sin efectivo rápidamente. A partir de hoy, intente comprar artículos de menos de 20 $ y vea cómo cambian sus hábitos de gasto.

## Cómo eliminar deudas y hacerse rico en 2019

Estar libre de deudas y hacerse más rico es más fácil decirlo que hacerlo.

Aproximadamente la mitad de los hogares en los Estados Unidos tienen una deuda de tarjeta de crédito, y el monto promedio de esa deuda es superior a 8.000 $. Para muchas personas, eso es una gran cantidad, pero lo bueno es que no lo es.

No es una sorpresa que muchas personas comiencen el Año Nuevo con resoluciones para pagar todas sus deudas, pero el desafío principal es que no se les ocurre la estrategia correcta para ayudarles a salir de la deuda. Peor aún es que no tienen la inteligencia financiera para saber qué necesitan hacer con la cantidad de dinero que ahorran al evitar pagar la deuda. Finalmente, regresan los malos hábitos, y antes de darse cuenta, ya están atrapados en una deuda de tarjeta de crédito.

Eso significa que no es suficiente para evitar deudas incobrables con tarjetas de crédito, pero es crucial desarrollar un plan para que el dinero lo ayude a alcanzar la riqueza. En esta sección, le presentamos el Plan ich Dad-SIX POINT para salir de la deuda y hacerse rico en 2019.

**Consejo 1: Si tiene tarjetas de crédito con saldos existentes, tenga una o dos tarjetas de crédito en su billetera.**

Quizás haya visto a personas en línea cuya tarjeta es rechazada solo para que eliminen otra tarjeta de su billetera o cartera. Ya usted no quiere ser esta persona, y la forma correcta de evitar ser esta persona es evitar la tentación.

Por lo tanto, lleve a propósito solo una o dos tarjetas. Mantenga las otras tarjetas fuera de la vista, preferiblemente en una caja fuerte. Por cualquier cambio nuevo que ocurra en una o dos tarjetas en su posesión, asegúrese de pagar los cargos todos los meses. Evite endeudarse a largo plazo.

**Consejo 2: Gane 150$- 200$ adicionales cada mes.**

Cuando enfrente un entorno económico hostil, aprenda a apresurarse. Busque algunos trabajos inusuales mientras planea iniciar su propio negocio. No es difícil ganar una pequeña cantidad de dinero en efectivo siempre que mantenga su mente abierta a las oportunidades a su alrededor. Si no puede generar 150$- 200$ cada mes, entonces sus probabilidades de alcanzar la libertad financiera pueden ser muy limitadas.

Para la mayoría de las personas, esto podría ser tan simple como evaluar sus gastos mensuales e identificar áreas donde puede dejar de gastar en artículos que no son necesarios. Evite comer fuera. Evite comprar más ropa de la que necesita y pagar los servicios en línea que rara vez usa. Como puede ver, hay muchas oportunidades para explotar si desea ahorrar 200 $ adicionales.

Sin embargo, si desea ampliar su capacidad y aumentar su capacidad financiera, busque medios para generar 200 $ adicionales por mes. Es fácil reducir estos gastos, sin embargo, enseñarse a sí mismo cómo ganar dinero será más satisfactorio a largo plazo.

### Consejo 3: Use los 150 $ - 200 $ adicionales en su pago mensual solo para una de sus tarjetas de crédito.

Busque el saldo mínimo de la tarjeta y luego pague la cantidad más baja más el efectivo adicional en esa tarjeta de crédito. ¿Por qué? Porque la regla del juego es reducir sus pagos mensuales de una deuda incobrable. Posiblemente tenga una tarjeta de saldo más bajo, que, cuando se cancela, le ahorrará una tonelada de dinero cada mes.

Una vez que pague el saldo mínimo de la tarjeta más los 150$ - 200$ adicionales, pague el monto mínimo adeudado en todas las demás tarjetas de crédito. En la mayoría de los casos, las personas quieren pagar una cantidad adicional cada mes en cada tarjeta de crédito que poseen, pero sorprendentemente, esas tarjetas nunca se pagan.

### Consejo 4: Una vez que termine con la primera tarjeta, aplique el monto total que ha estado pagando en esa tarjeta a la próxima tarjeta de crédito.

Pague la menor cantidad en la segunda tarjeta más la suma del pago mensual que estaba pagando por la primera tarjeta de crédito.

Manténgase al día con este proceso para todas sus tarjetas de crédito más crédito de consumo. Por cada deuda que complete, agregue el monto total que estaba pagando en la tarjeta anterior al pago mínimo de su próxima deuda. A medida que continúe saldando su deuda, la cantidad mensual que estaba pagando anteriormente aumentará.

**Consejo 5: Una vez que termine con sus tarjetas de crédito, aplique lo mismo a los pagos de su casa y automóvil.**

Esta es la parte de hacerse rico. El hecho es que: cuanto mas grande sea la deuda que tenga, más rico se volverá. En otras palabras, sale poco dinero de su bolsillo y hace rico a los bancos y acreedores. Sin embargo, la verdadera magia de esta estrategia se origina en tomar el dinero que estaba usando para pagar sus deudas y canalizarlo en inversiones que generan efectivo cada mes. Entonces, el dinero que solía perder cada mes le generará más dinero. Y eso es genial.

Lo bueno es que no tiene que hacer esto solo. Puede involucrar a amigos y expertos que pueden asesorarlo en cada paso. Hay un gran poder en la comunidad.

Es posible liberarse de deudas y llegar a la riqueza. Sin embargo, primero debe tomar esa decisión y estar listo para implementar cada paso. Permanezca enfocado en su objetivo y busque formas de ganar más dinero y acelerar su viaje para hacerse rico. No se olvide de celebrar cada hito que logre, ¡esto lo ayudará a mantenerse al día con el espíritu!

# Capítulo 3: Presupuestos para principiantes

Un presupuesto le da libertad. Es el camino para aprender lo más importante. A muchas personas les resulta difícil organizar un viaje a un lugar nuevo con sus seres queridos, o incluso salir y divertirse. Pero este es el resultado cuando desperdiciamos nuestro efectivo duramente ganado en gastos innecesarios. Un presupuesto puede ayudarlo a alcanzar sus metas en la vida.

Ahora, si se encuentra entre los millones de personas que tienen deudas o dependen de un cheque de pago, esas cualidades agregan una capa específica al presupuesto, pero un presupuesto razonable es crucial para los consumidores con menos recursos financieros que cualquier otra persona. Sin embargo, el presupuesto sigue siendo su herramienta para salir de una vida caótica y endeudada.

Veamos:

**¿Cuál es su ingreso mensual?**

Lo primero que debe hacer es determinar la cantidad de dinero que gana cada mes. Sume todo, incluida la manutención de los hijos, los salarios y otras formas de ingresos.

La cantidad de dinero que gana es importante porque refleja la cantidad con la que funcionará cada mes. No puede permitirse gastar más que este número o aumentará su deuda.

## Enumere sus gastos

Lo siguiente es anotar sus gastos necesarios. Estos son los tipos de facturas que deberá pagar cada mes. Puede incluir el alquiler, los impuestos a la propiedad, el teléfono celular, los servicios públicos promedio, el pago del automóvil, la manutención de los hijos, los alimentos, el seguro y los medicamentos.

Spotify, TV por cable y otras cosas no deberían estar en esta lista. En esta sección, deberá concentrarse en los "gastos imprescindibles". Estas son cosas que deberá pagar para evitar que los acreedores estén alerta.

## Analice los gastos

Es crucial que construya un presupuesto realista. Es posible que desee gastar 50 $ cada mes en una cena, pero si su gasto habitual es de 800 $ cada mes, ¿cuál es la probabilidad de que un presupuesto mensual de 50 $ funcione para usted? Existe una buena posibilidad de que después de dos semanas, se haya dado por vencido.

Es por eso que necesita revisar sus patrones de gasto y ver cómo puede comenzar con el presupuesto actual. En el camino, puede comenzar a escalarlo. Es posible que deba volver a verificar sus transacciones bancarias o extractos de tarjeta de crédito. Si usa efectivo, deberá buscar recibos o mantener un registro diario durante aproximadamente dos semanas, y tal vez, un mes entero.

## Anote sus gastos no esenciales

Ahora que tiene algo de conocimiento sobre cómo gasta, haga una lista de todos sus gastos no esenciales. No estamos haciendo juicios o recortes en absoluto, usted necesita crear una lista. Algunas de las categorías que puede considerar son:

- Gastos de gimnasio

- Gastos de mascotas
- Cenar fuera
- Entretenimiento
- Ropa
- Artículos de belleza
- Combustible
- Gastos de salud

**Ahora es el momento de resumir su presupuesto**

En esta sección, verá cómo se crea un presupuesto real. Esto es simplemente una lista de categorías con una suma asignada a cada cantidad. Puede referirse a él como un plan de gastos, ya que es la descripción precisa de lo que hace.

Primero, busque una hoja de papel, un programa de software o una hoja de cálculo, y escriba su ingreso total más sus gastos obligatorios, esto debe contener la cantidad aproximada de dinero que se canaliza a cada categoría. Puede parecerse al siguiente ejemplo:

- Ingresos de mayo - 4.000$
- Alquiler – 995$
- Gas – 50$
- Tarjeta de crédito – 75$
- Electricidad – 100$
- Comestibles – 500$
- Préstamos estudiantiles – 370$

A continuación, enumere sus gastos innecesarios y asegúrese de tener en cuenta sus características de gasto actuales.

Esta es la parte donde puede desafiarse a sí mismo. Mire los números y vea si tiene alguno que se pueda aumentar. Por ejemplo, si siempre gasta 500 $ por mes en comestibles, ¿puede comprometerse con las compras y reducir el monto a 450 $?

Si cree que puede reducir el gasto en ciertas áreas, entonces debe proceder y anotar el nuevo número.

Su presupuesto restante puede aparecer de esta manera:

- Mascotas – 10$
- Restaurantes – 150$
- Dinero para diversión – 100$
- Netflix – 10$
- Peluquería – 60$

Una vez que haya enumerado todo, agregue todos los gastos. La cantidad total que obtenga reflejará la cantidad de dinero que gasta. Determine si es menor que su ingreso. De lo contrario, tendrá que buscar más lugares para reducir sus gastos.

## ¿Cuánto debe quedar?

Los expertos financieros aconsejan que una persona tenga una ventaja del 20% para ahorrar o pagar la deuda. Esto significa que si gana 5.000 $ al mes, debe asegurarse de quedarse con 1.000$ para redirigirlo a ahorros o incluso reducir su deuda. Este podría ser un objetivo difícil, especialmente cuando depende de un sueldo, pero vale la pena intentarlo.

## ¿Qué pasa si no tiene esa ventaja?

Bueno, tendrá que asegurarse de gastar menos de lo que obtiene si desea ahorrar o reducir el ciclo de pago de sueldo a sueldo. Si va a gastar más de lo que gana cada mes, habrá destruido el plan. Si este es el tipo de situación que está atravesando, tiene dos cosas que hacer: puede decidir buscar más formas de obtener ingresos adicionales o necesita reducir su costo. Puede probar ambos.

Es posible conseguir un trabajo y luego hacer algunos trabajos paralelos para aumentar sus ganancias. Alternativamente, puede solicitar un aumento de sueldo, vender algunos artículos o incluso pensar en cambiar de trabajo, si el que tiene no es la mejor opción.

Dedique tiempo a analizar sus gastos mensuales. ¿Realmente necesita Netflix? ¿Es posible gastar menos en alimentos limitando la cantidad de veces que cena o yendo al supermercado? ¿Puede buscar un compañero de cuarto o mudarse a una nueva vivienda? Cada uno de sus gastos requiere un análisis en profundidad. Pregúntese si está listo para renunciar a este gasto y cambiar su situación financiera.

## Establecer un fondo de emergencia

Asegurémonos de eliminar cualquier posibilidad de endeudarse en el futuro. Una forma de hacerlo es tener una cuenta de ahorros de emergencia. Una cosa que debe saber es que es probable que ocurran emergencias, y tal vez cuando menos las espere.

Si tiene una buena suma de efectivo reservada para estos eventos, logrará superar el desafío sin ningún problema. Si no tiene un fondo de emergencia, probablemente se arriesga, especialmente cuando ocurre una emergencia.

Reserve un fondo de emergencia antes de comenzar a pagar su deuda. Comience con suficiente dinero para cubrir sus costos. Reserve algo de dinero en efectivo cada mes en ahorros hasta que tenga su fondo de emergencia reservado. Implemente una transferencia automática para que sea fácil de guardar.

El mejor lugar para almacenar su cuenta de ahorros de emergencia es una cuenta de ahorros que devengue intereses para que pueda ganar algo de interés mientras ahorra. No puede ser mucho, pero la tasa de ahorro correcta debería ser aproximadamente del 1%. Puede probar la cuenta Credit Sesame para identificar la mejor cuenta de ahorros para usted. Una vez que inicie sesión, puede pasar el ratón por la pestaña "Préstamos" en la parte superior de la página y hacer clic en el botón "Banca" para leer las últimas recomendaciones.

## Analice la deuda

Muchas personas tienen la percepción de que el pago de la deuda es un gasto fijo. Eso es correcto, pero puede configurarlo para que se ajuste mejor a su presupuesto, o incluso pagarlo antes de tiempo para que no tenga que preocuparse por pagar deudas.

Lo primero es evaluar su deuda. Puede navegar al perfil de Credit Sesame. Verá una sección en su pantalla derecha llamada "MI ANÁLISIS DE LA DEUDA". Haga clic en el botón "VER DETALLES" en la parte inferior del cuadro. La siguiente imagen muestra el aspecto de la pantalla:

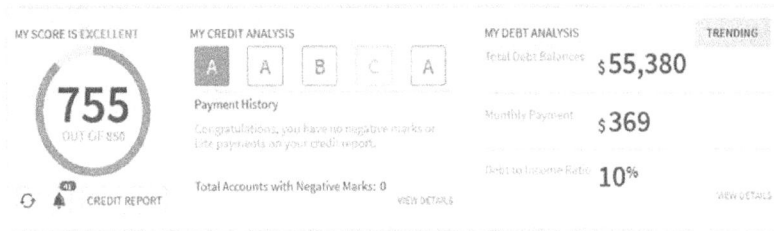

## ¿Están sus deudas escritas correctamente?

Navegará a una página que enumerará todas sus deudas. Es crucial realizar una verificación para garantizar que todas las deudas se ingresen correctamente y que no quede ninguna deuda. No desea ver sorpresas en esta página, de ser así, podría ser víctima de fraude de identidad.

## ¿Su relación deuda-ingreso es muy baja?

Su relación deuda-ingreso es la medida porcentual de su ingreso mensual y lo que se dirige a los pagos de la deuda. A los prestamistas les encanta ver una baja relación deuda-ingreso. ¿Cómo están seguros de que recibirán su dinero cuando ya haya planeado gastarlo en otro lugar?

En general, una relación de endeudamiento más baja es mucho mejor, y la mejor relación deuda/ingreso sería cero, lo que significa que no hay deuda. Puede ser aterrador ver el porcentaje de sus ingresos que se canaliza al pago de deudas, pero esto no debería preocuparlo, especialmente cuando no tiene ningún problema. En la siguiente sección, verá un plan para pagar.

## ¿Tiene una utilización de crédito inferior al 10%?

Los prestamistas también quieren ver que puede administrar sus tarjetas de crédito. Pueden saber esto mirando el índice de utilización de su tarjeta de crédito o el porcentaje del crédito disponible que está utilizando. Muchos prestamistas quieren ver una utilización del crédito del 10% o incluso menos. El alto uso puede afectar un puntaje de crédito saludable.

Para buscar su índice de uso, puede hacer clic en el botón "Mi crédito" ubicado en la parte superior de la pantalla. Desde aquí, se lo dirigirá a una página que tiene diferentes pestañas. Haga clic en la pestaña "Uso de crédito".

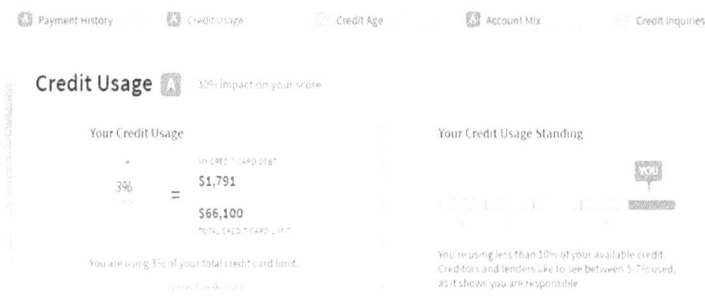

| Payment History | Credit Usage | Credit Age | Account Mix | Credit Inquiries |
|---|---|---|---|---|

**Credit Usage** 30% impact on your score

Your Credit Usage

3% = $1,791 / $66,100

IN CREDIT CARD DEBT

TOTAL CREDIT CARD LIMIT

You are using 3% of your total credit card limit.

Your Credit Usage Standing

You're using less than 10% of your available credit. Creditors and lenders like to see between 5-7% used, as it shows you are responsible.

Ahora, si su uso es superior al 10%, no se asuste. Verá un plan que puede implementar para reducirlo.

**¿Es correcto pagar deudas o ahorrar?**

El dinero generalmente es escaso, y puede ser un poco difícil pagar la deuda y ahorrar. Sin embargo, primero debe guardar su fondo de emergencia.

Una vez que haya terminado de pagar sus deudas, puede decidir guardar un fondo de emergencia más grande.

**Personalice su deuda para que se ajuste a su presupuesto**

Reducir el índice de utilización del crédito.

En caso de que su índice de utilización de crédito sea superior al 10%, una de las cosas más importantes que primero querrá hacer es reducirlo. Su índice de uso de crédito tiene un efecto masivo en su puntaje, y si puede reducirlo, será importante a largo plazo porque su puntaje de crédito aumentará y su deuda disminuirá. En otras palabras, logrará calificar para mejores tasas y términos en tarjetas de crédito y préstamos.

Identifique su "Límite de crédito total" haciendo clic en la pestaña "Uso de crédito". Divida ese número entre diez. Ese será su objetivo. Por lo tanto, debe pagar la mayor parte de la deuda de su tarjeta de crédito para obtener este número.

Por ejemplo, si tiene un límite de crédito total de 10.000 $, la cifra ideal de deuda sería 1.000 $ o menos. Si tiene una deuda de 3.000 $ en sus tarjetas de crédito, concéntrese en pagar los primeros 2.000 $.

**Analizar las opciones de refinanciamiento**

El método correcto para reducir el costo de la deuda a corto y largo plazo es refinanciar la deuda a una tasa de interés más baja, y existen algunos métodos para hacerlo. Sin embargo, antes de comenzar, pregúntese si desea reducir los pagos mensuales o si quiere estar libre de deudas.

Podría lograr obtener un pago mensual bajo por su deuda si decide refinanciar un préstamo a largo plazo, pero durante todo el período de este préstamo, podría pagar más tasas de interés. Por otro lado, puede ahorrar y ganar mucho dinero para gastar una cantidad considerable para pagar su deuda cada mes y mantenerse libre de esa deuda más rápido. Todo depende de lo que usted decida hacer.

Puede "refinanciar préstamos estudiantiles" con prestamistas privados, pero debe saber que si tiene préstamos federales, perderá la mayoría de las protecciones, como aplazamiento, planes de pago y condonación de los planes de préstamos estudiantiles. La mejor opción para los préstamos federales para estudiantes es combinarlos en un solo préstamo federal mediante la aplicación de una tasa de interés promedio. Es posible que esto no ahorre dinero, pero simplificará su vida financiera.

Todas las demás formas de préstamos son un canal justo para refinanciar. Es posible refinanciar su automóvil, RV, hipoteca y cualquier otra cosa para la que tenga préstamos. Las herramientas adecuadas para la deuda no hipotecaria incluyen préstamos personales. Afortunadamente, puede ver qué préstamos personales puede recibir utilizando las herramientas de Credit Sesame.

Una vez que inicie sesión, haga clic en la pestaña "Poder de préstamo" que se encuentra en la parte superior de la pantalla y navegue hacia abajo hasta que pueda ver la sección PRÉSTAMOS EN CUOTAS. Esta parte presentará la información que necesita para desarrollar una decisión de refinanciamiento informada.

INSTALLMENT LOAN: For financing those big life changes and debt consolidation

YOU MAY GET ACCESS TO

$12,123.

| LendingClub | Amount | Term | APR* | Payment | One Click Pre-Approval |
|---|---|---|---|---|---|
| ★ ★ ★ | $5,000 | 3 Yrs | 5.99% | $157 | Approval Odds Very Good |

## Busque ofertas de transferencia de saldo de tarjeta de crédito

Si tiene una deuda de tarjeta de crédito, puede pagarla más rápido con la ayuda de la "tarjeta de transferencia de saldo sin intereses". Para lograr esto, tendrá que solicitar la nueva tarjeta, transferir el saldo restante de la tarjeta de crédito y pagar los intereses de la deuda hasta el momento en que expire el APR del cero por ciento.

Puede consultar las tarjetas de saldo de transferencia de tarjetas de crédito para las que es probable que se apruebe mediante la aplicación de las herramientas de Credit Sesame. Inicie sesión en su cuenta y navegue a la pestaña "Mis recomendaciones" y desplácese hasta que encuentre las ofertas de 0% Intro APT.

## Seleccione un plan de pago de deudas

Ahora es el momento de elegir un plan de pago de deudas, este es el momento de tomar en serio el pago de su deuda. Puede optar por utilizar el método de bola de nieve de la deuda o el método de avalancha de deuda.

Cada una de las estrategias anteriores depende de la construcción de una "lista de resultados" de las deudas en función de su nivel de prioridad. La estrategia de bola de nieve de la deuda prioriza la deuda mínima primero para que pueda recibir ganancias rápidas. Por otro lado, la avalancha de deuda se enfoca primero en la deuda con la tasa de interés más alta porque esa es su deuda más alta.

Una vez que logre cancelar su primera deuda según el método que elija, elige el pago mensual y lo utiliza en la próxima deuda de su lista. Continúe repitiendo este proceso y aumente su pago mensual de su deuda objetivo en una cifra que sea equivalente al pago que realizó en la última deuda.

### Revise su presupuesto mensual

Todos los meses, debe ejecutar un análisis de su presupuesto. Esto lo ayudará a conocer las áreas donde gasta de más o gasta menos. Un presupuesto es como un documento vivo, y puede alternar sus números cada mes para que funcione para usted.

También puede realizar un análisis rápido cada mes de su préstamo, refinanciamiento y plan de transferencia de saldo en su tablero de

Credit Sesame. A medida que reduce su deuda, sus opciones de crédito aumentarán. Además, el mercado cambia todos los días, y las cotizaciones que le dijeron al final pueden ser más bajas que las de este mes.

Mientras se mantenga actualizado con su presupuesto y se asegure de que está progresando y logrando sus objetivos financieros, pronto estará libre de deudas.

### Administración de dinero para solteros

Las personas solteras no tienen a nadie que les recuerde lo que pueden hacer, y nadie puede interferir con sus planes. Eso suena genial. Sin embargo, también tienen el desafío central de no tener responsabilidad. Como resultado, las cosas pueden salirse de control muy rápido. Según la revista Kiplinger, se descubrió que el 30% de las personas que se declaran en quiebra son mujeres, mientras que el 26% son hombres. Como puede ver, esto es un gran problema.

Una encuesta realizada por el "Pew Research Center" descubrió que aproximadamente el 80% de los jóvenes de entre 18 y 25 años en los Estados Unidos consideran que ser rico es el objetivo principal de su vida. Ahora aquí hay un hecho para usted: no será rico si considera la deuda como la herramienta para impulsarlo hacia la riqueza. Es vital que las personas solteras aprendan a practicar las habilidades financieras correctas, como lo hacen las personas casadas.

### El efectivo administrado trabaja más duro

Si usted cree que no está haciendo suficiente dinero para su presupuesto, entonces tiene que pensarlo de nuevo. Cuando enumera sus propósitos para el dinero, ya lo está haciendo. Usted es libre de hacer lo que quiera porque no tiene una persona a la que deba rendir cuentas. Sin embargo, debe preguntarse: "¿Me estoy comportando de una manera que me ayudará a alcanzar mis objetivos?" Estar en la bancarrota porque no practica las formas correctas de administración del dinero es malo.

**Busque un mentor de dinero**

Busque una persona con experiencia y conocimiento sobre asuntos financieros. Debe ser una persona que tenga un historial comprobado con dinero. Hágale muchas preguntas. Otorgue permiso a esta persona para supervisar su presupuesto y revisarlo antes de "gastar mucho". Esta persona tiene que agradarle y respetarle hasta el punto en que no se avergüence de golpearlo con la verdad cuando comience a equivocarse con sus gastos. No permita que el exceso de confianza tome el control porque puede hacer que evite pedir cualquier opinión de nadie.

**Evite las compras impulsivas**

Para los padres solteros, esta tendencia a comprar cosas por impulso surge de la inmadurez en lugar de la desesperación. Como padre soltero sin suficiente dinero, tiene una opción, y es planificar. Debe saber que está atrapado en ciertas situaciones de las que desea liberarse y que requieren de un plan para acabar con ellas.

Quienes no tienen hijos tal vez tengan un tipo diverso de racha impulsiva. ¿Cuántas veces en una semana cena fuera? ¿Va de compras todas las semanas al centro comercial? ¿Cuánto paga por su auto?

Poner en práctica los pasos correctos lo ayudará a explorar más libertad. Si toma las decisiones correctas, obtendrá los beneficios en el futuro.

**Establecer el presupuesto de una pareja**

Si viven juntos como pareja, pero aún no están legalmente casados, no es un buen movimiento reunir las finanzas en una sola. La razón es que usted no tiene la misma seguridad que las parejas casadas legalmente. Como resultado, el presupuesto de su hogar solo debe cubrir los gastos de la casa.

Hasta el momento de casarse, debe tener gastos separados para asegurarse en caso de que se separe.

## 1. Determine los gastos que desea compartir

Primero, debe decidir los costos que desea compartir en la casa. En general, es posible que deba dividir el alquiler, los alimentos básicos y los servicios públicos. Si hay mascotas en la casa, incluya el cuidado de mascotas en el presupuesto.

Como pareja, deben acordar qué debe y qué no debe formar parte del presupuesto familiar. Tenga un pequeño kit de emergencia para el hogar que tenga alrededor de 1.000 $ para manejar gastos inesperados.

## 2. Defina el monto de su contribución

Algunas personas recomendarían que cada uno de ustedes tenga que contribuir una cantidad igual a los gastos del hogar porque viven juntos. Sin embargo, dividir los costos no es la forma correcta de hacerlo.

En general, una persona normalmente gana más que la otra, y el 50% de los costos podría congelar todo el dinero de la persona que gana pocos ingresos. Contribuir al presupuesto en función de su porcentaje de ingresos es una excelente manera de manejarlo. Además, le brindará la oportunidad de ahorrar algo de dinero en efectivo para su plan de jubilación.

## 3. Estime su monto de contribución

Para averiguar la cantidad de dinero que cada uno de ustedes necesita contribuir, debe calcular las cantidades brutas y sumar el presupuesto familiar. Luego, divida el salario bruto por el presupuesto del hogar.

El porcentaje que reciben debe ser el porcentaje que cada uno de ustedes necesita para contribuir. Por ejemplo, si genera 6.000 $ al mes, y su pareja genera alrededor de 4.000 $, y el presupuesto familiar es de aproximadamente 2.500 $ al mes, entonces sumará 6.000 $ y 4.000 $.

## 1. Crear una cuenta corriente separada

Debe registrarse para obtener una cuenta corriente única destinada a los costos de su hogar.

Ambos deben firmar la cuenta y programar una fecha en la que puedan depositar en la cuenta para manejar las facturas mensuales.

Desde aquí, puede pagar los costos que pertenecen al presupuesto del hogar utilizando la cuenta. Esto proporcionará seguridad a su dinero en caso de que su pareja tome las decisiones equivocadas. Además, simplifica las cosas si se produce una división en el futuro.

El uso de esta cuenta para asegurar todos los gastos de su hogar le impedirá usar una tarjeta de crédito o cubrir los costos compartidos.

## 2. Los productos de los que usted es responsable

Debe ser lo suficientemente responsable como para pagar sus gastos. Si desea comprar ropa, asegúrese de usar su dinero. Además, debe pagar el 15% de sus ingresos brutos en su plan de jubilación. Ser completamente responsable de los préstamos y las tarjetas de crédito es importante.

## 3. Crear un presupuesto para el ingreso restante

Es importante establecer su presupuesto para controlar sus gastos. Este tipo de presupuesto lo ayudará a rastrear sus contribuciones al plan de jubilación y lo protegerá de una situación financiera incorrecta.

Es fundamental seguir las reglas normales de presupuesto mientras desarrolla el presupuesto. Sin embargo, asegúrese de incluir los principales aspectos y elementos en el presupuesto.

## 4. Mantenga los gastos separados

Es importante asegurarse de que los gastos externos no formen parte de la cuenta del hogar. Debe evitar comprar cosas juntos porque no está casado, usted es solo de facto o comprometido.

Comprar un automóvil o una casa juntos puede hacer que la ruptura sea difícil. Si desea ahorrar dinero para el pago inicial cuando está casado, debe ahorrar por separado y proporcionar un informe del progreso.

En el momento de casarse, es importante examinar su presupuesto e incluir sus gastos.

Esto simplificará todo en caso de que se separe debido a una transferencia en su trabajo. Además, lo ayudará a concentrarse en las debilidades del presupuesto en lugar de ver cómo su pareja gasta dinero.

### Creando un presupuesto familiar

Con todas las necesidades que conlleva tener una familia, es difícil tener tiempo para crear el presupuesto de la casa, especialmente cuando le queda la menor cantidad de dinero. Es bueno tener en cuenta los gastos del hogar porque ese es el único método que puede controlarlos, de lo contrario, lo controlarán a usted.

El procedimiento de creación de un presupuesto familiar requiere tiempo, por lo que debe asignar algunas horas para esto y un tiempo en el que pueda concentrarse lo suficientemente bien como para crear un buen presupuesto.

Comience con un objetivo. Podría ser para cancelar su deuda o incluso un fondo universitario. No es necesario que todos conozcan su objetivo, pero pensar en su objetivo le ayudará a mantenerse en el camino.

### Seleccione el estilo de su presupuesto

Un lápiz y papel lo ayudan a redactar un presupuesto preciso. Sin embargo, el uso de software moderno simplifica todo el proceso. Además, marcará cualquier error potencial que pueda cometer.

Sin embargo, si cree que el documento es adecuado para usted, es posible que tenga que buscar un libro de contabilidad, el cual no le costará mucho. En todos los idiomas, los créditos se denominan efectivo entrante y los débitos como efectivo saliente.

Las herramientas de software electrónicas para el presupuesto, como Mint.com, son una de las soluciones más directas a tener en cuenta. No hay necesidad de escribir todo, el software incorporado debe generar totales acumulados, enviar ofertas e indicar la forma en que el débito y el crédito se afectan entre sí.

**Ponga todo en la tabla**

Casi todo lo que describe el flujo de efectivo, como las facturas, los extractos bancarios, los extractos de ganancias y los recibos, debe tener un lugar en la tabla de presupuesto. Lo primero que debe hacer es dividirlos en forma de: entrantes y salientes.

Puede requerir una suma para todas las categorías de presupuesto. Este es el punto donde muchos creadores de presupuestos se ponen nerviosos. Sin embargo, no necesita ser así. La cantidad entrante podría ser menor que la saliente, pero tener un presupuesto le permitirá regular eso.

**Identifique a dónde va su dinero**

El tipo de salida requiere mucha atención una vez que obtenga el total. Lo siguiente que debe hacer es dividir las deudas en subcategorías. Los suyos pueden ser servicios públicos, deudas no garantizadas, gastos discrecionales o deudas no garantizadas.

**Configure su libro mayor, hoja de cálculo y cualquier herramienta financiera**

Cuando sus primeras categorías y totales estén listos, puede sumar todo utilizando un programa de presupuesto electrónico. Este es el punto desde el cual el presupuesto comienza a tomar forma. Su objetivo principal debe ser obtener los débitos a un precio más bajo que sus créditos.

## Regular el gasto discrecional

En este punto, debería ser fácil para uno acercarse al presupuesto mensual de manera realista. Un medio flexible de gasto podría ser la única opción donde puede mirar y desviar el efectivo hacia una reducción y ahorro de deuda.

El medio correcto para controlar su gasto discrecional es utilizar el "método de sobre". El dinero que asigna para gastos diarios se transfiere al sobre cada mes. Con efectivo real en la mano, tiende a ser más consciente y reducir la probabilidad de gasto excesivo.

## Pagar la deuda

La reducción de la deuda es el objetivo principal de muchas familias. El único medio para alcanzar esto es pagar una cantidad mínima de dinero cada mes. Si gasta más de la cantidad mínima, disminuirá rápidamente su deuda.

Confirme con el acreedor para que pueda estar seguro de que cada pago adicional se realizará de la manera que desee. A veces, el interés puede ser una cantidad fija que no cambiará, sin importar cuánto pague cada mes.

El presupuesto puede ser simple y desafiante. Simplemente necesita saber cuánto gana y qué debe pagar como deuda, y en qué momento se gasta el dinero. La razón por la cual es complejo es que es difícil saber dónde recortar y en qué punto canalizar más dinero. Para ciertas familias, la deuda podría ser el principal problema. Sin los recursos necesarios, la deuda puede acumularse y los puntajes de crédito pueden quedar paralizados.

Cuando hay un pago más alto de lo que puede administrar, y no puede obtener ningún ingreso adicional, un servicio de asesoría de crédito gratuito como la Fundación Nacional para Asesoría de Crédito puede ser útil.

Un presupuesto razonable puede ayudarle a cumplir sus objetivos financieros para la familia.

**Construir un plan de presupuesto personal usando ingresos irregulares**

Si tiene un préstamo estudiantil o depende de una comisión para ganar dinero, podría estar cansado de los consejos presupuestarios para ahorrar dinero.

Si sus ingresos continúan cambiando, o depende de una gran suma de dinero para mantenerlo en diferentes momentos del mes, entonces podría ser difícil obtener un presupuesto.

**Comience con un presupuesto: cómo puede planificar los gastos**

Antes de sumergirse para probar cualquiera de las siguientes estrategias, dedique algo de tiempo a destacar sus gastos. Escriba sus compromisos.

Luego, puede agregar la cantidad de los gastos más bajos en los que necesita gastar dinero. Estos pueden ser difíciles de identificar que los costos regulares, por lo que debe revisar su calendario y los extractos de la tarjeta de crédito y comenzar a reconstruir sus hábitos de gasto.

Cuando su ingreso es irregular, fluctuante o estacional, concéntrese en planificar y adoptar un método de administración de presupuesto y dinero que evite que sus gastos sean desiguales.

A continuación, se presentan tres estrategias de administración de dinero y presupuestos personales con las que comenzar:

**1. Cree el presupuesto usando el ingreso promedio**

Si su ingreso ha sido irregular durante algunos años, un método es determinar su ingreso neto promedio anual de los últimos tres años y dividirlo por doce. La cantidad que recibe, canalícela a su presupuesto mensual actual. Cuando la cantidad es insuficiente para cubrir todos sus costos, debe buscar formas de aumentar la cantidad de sus ingresos de manera consistente para equilibrar su presupuesto. Para aquellos que trabajan por cuenta propia, el proceso de planificación para cualquier método de presupuesto debe tener una cuenta de ahorros.

## 2. Desarrolle dos tipos de presupuestos

En este método en particular, ejecutará dos tipos de presupuestos. El primer presupuesto está destinado a los buenos tiempos, y el otro presupuesto es para ayudarlo durante los peores días. Sin embargo, tenga en cuenta que este método puede ser difícil de usar para administrar las finanzas debido a la tentación de gastar de más.

Cuando hay dos tipos de presupuesto, algunas personas pueden verse tentadas a usar dinero innecesariamente porque saben que ganarán más durante los mejores momentos. Dependen del crédito para facilitar sus gastos en los tiempos difíciles, y esto puede crear un ciclo de deudas.

## 3. Presupuesto con la ayuda de una cuenta de haberes

Este método es apropiado para estudiantes. Su monto total de ingresos se coloca en una cuenta de haberes. Luego puede comenzar a pagar una parte de sus ingresos mensuales en función de lo que puede controlar y lo que le permitirá cumplir con sus obligaciones. Cuando sus ingresos son altos, la cuenta de haberes tendrá un gran saldo. En tiempos difíciles, su saldo disminuirá. Sin embargo, la cantidad que paga cada mes se mantiene.

## N/B

Este método debería ser el más fácil para los estudiantes postsecundarios que presupuestan con mucho dinero. Con las subvenciones y becas ahorradas de trabajar en el verano, puede ser fácil gastarlo.

Un presupuesto personal le permitirá concentrarse en lo que puede hacer en lugar de lo que no puede hacer, incluso cuando sus ingresos son irregulares. Pasar tiempo construyendo un presupuesto realista simplificará su vida porque ahora podrá administrar su dinero.

## Motivos por los que usted debe ajustarse a su presupuesto

Crear un presupuesto es uno de esos principios en finanzas personales en el que cualquier persona que quiera ahorrar tiene que centrarse. Aprender a vivir dentro de sus posibilidades puede ayudarlo a saber cómo ahorrar. Pero, ¿por qué es importante vivir de acuerdo con su presupuesto? Aunque la mayoría de la gente sabe que ajustarse a su presupuesto puede ayudarlos a ahorrar dinero, existen muchas otras razones:

### 1. Para que pueda darle tiempo a su dinero para apreciarlo

Si nunca ha desarrollado un presupuesto, puede tener miedo de crear uno, pero no se asuste. Muchas personas ven un presupuesto como un medio para restringir sus vidas, pero esa no es la verdad. De hecho, sucede al contrario. Si alguna vez quiso experimentar la libertad financiera, entonces un presupuesto es la herramienta que lo ayudará a alcanzar su objetivo. ¿Alguna vez se tomó el tiempo de mirar su cuenta bancaria a final de mes y se preguntó a dónde va su dinero? Si puede enseñarse cómo establecer gastos alcanzables cada mes, le dará la libertad de hacer otras cosas con sus ingresos.

### 2. Necesita ahorrar para sus objetivos

Lo primero que debe saber es la cantidad que va a generar después de eliminar su impuesto. Desde aquí, puede continuar decidiendo sus gastos. El presupuesto "50/30/20" es muy común. Proporcionará el "50%" de los ingresos después de impuestos que se gastarán en los gastos relevantes, como transporte, vivienda y servicios públicos.

El "30%" de sus ingresos tiene que ser colocado para hacer frente a los objetivos a largo plazo, como comprar una casa. El "20%" restante de los ingresos se puede ahorrar para ayudar en objetivos a corto plazo, como un fondo anual de vacaciones y ahorro de emergencia.

### 3. Aprenda a vivir dentro de sus posibilidades

¿Cómo puede empezar? Lo primero es controlar sus gastos para determinar si sigue el estilo de presupuesto 50/30/20. Si no, deberá identificar los gastos innecesarios que puede deducir de sus ingresos. Use una aplicación de software de presupuesto para ayudarlo a controlar sus gastos durante los próximos 30 días. Desde este punto, puede reasignar sus gastos y asegurarse de que se paguen sus facturas mensuales. Además, debe asegurarse de estar ahorrando para alcanzar sus objetivos.

### 4. Para evitar cualquier deuda

Un presupuesto no solo lo ayudará a vivir dentro de sus posibilidades, sino que también lo ayudará a evitar endeudarse innecesariamente. Podrá gastar de acuerdo con lo que ha establecido en el presupuesto. En otras palabras, no se encontrará con ninguna deuda sin un plan. Crear un presupuesto y apegarse a él lo ayudará a evitar endeudarse, y lo ayudará a pagar su deuda actual.

### 5. Para construir un buen historial crediticio

Si desea tener un buen historial de crédito, entonces, apegarse a un presupuesto es la forma segura de crear un buen historial de crédito. Determine sus pagos mensuales de la deuda en sus gastos imprescindibles. Este le ofrecerá la posibilidad de gastar dentro de un presupuesto y pagar todo su saldo al final de cada mes. Además, lo ayudará a evitar deudas y cargos por intereses innecesarios.

### 6. Quiere evitar vivir la "carrera de ratas"

Todos queremos dejar de trabajar en algún momento de nuestras vidas. Eso solo puede suceder cuando comenzamos a ahorrar dinero para la jubilación y evitamos poner nuestras manos sobre el dinero hasta que estemos preparados para separarnos del mundo laboral. Asegúrese de asignar una cierta cantidad de su presupuesto de objetivos a largo plazo a su cuenta de jubilación para que su sueño se haga realidad.

Nadie quiere ver un presupuesto como algo restrictivo, pero es la mejor manera de controlar su dinero a medida que ingresa al mundo de las finanzas personales. Cada estilo de vida y presupuesto de cada persona es diferente. Y esto es lo que hace que las finanzas personales sean "personales". Por lo tanto, cree su presupuesto en función de la cantidad de dinero que gana, los objetivos y las necesidades de la vida.

## Cinco motivaciones para ayudarlo a vivir de acuerdo con su presupuesto

Cumplir con un presupuesto que cree no es algo fácil, pero trae muchos beneficios, como se mencionó anteriormente.

Dirigir su dinero a donde debe ir cada mes le brinda una sensación de control total y lo ayuda a planificar el futuro. Independientemente de su sueño financiero, un presupuesto es el primer paso para alcanzarlo. Le permitirá desarrollar un plan efectivo sobre cómo usar su dinero y establecer prioridades.

Sin embargo, esto no significa negarse todas las cosas que impulsan la felicidad en su vida. Si quiere salir y disfrutar de algunas bebidas con sus amigos todos los meses, o incluso recibir un masaje, aún está bien. Siempre y cuando sea responsable y disciplinado con su presupuesto, de modo que las cosas anteriores no interfieran con sus gastos mensuales, ¿por qué no? La creación de un presupuesto le dará la libertad financiera para disfrutar del dinero que gana sin preocuparse demasiado porque ha establecido un plan para ello.

Pero apegarse al plan puede ser más fácil decirlo que hacerlo. Puede tener la tentación de usar sus ahorros de vacaciones para comprar el último modelo de teléfono. La parte "quiero" de su cerebro puede persuadirlo, pero hay algunas cosas que puede hacer para ajustarse a un presupuesto, incluso cuando se sienta débil para hacerlo:

## Busque a alguien que sea responsable por usted

Es importante que obtenga una persona que esté en la misma condición que usted cuando establezca su presupuesto. Esto podría ser un familiar o su pareja. O puede tener una revisión semanal del presupuesto con un amigo a través de Facebook. Muestre sus objetivos, ejecute las cifras y acepte dónde se equivocó. Obtener apoyo y aliento lo ayudará a mantenerse en el camino y a concentrarse.

## Sea realista

Si desea dedicar ciertas partes de su presupuesto para poder pagar deudas o incluso ahorrar para unas vacaciones futuras, eso es bueno para usted. Sin embargo, es vital asegurarse de que su presupuesto sea realista. No reduzca la comida hasta el punto en que coma arroz y frijoles todos los días, ni abandone todo su presupuesto de entretenimiento y comience una vida de ermitaño.

Tenga en cuenta que un poco de diversión asegurará que siga siendo lo suficientemente resistente como para seguir su presupuesto. Cuando empiece a sentir que le falta algo, esto puede llevarlo fácilmente a un estado de rebelión. Reduzca la escala razonablemente, pero no elimine todo.

## Establecer un día sin gasto

Cuando gasta un poco aquí y allá, puede pensar que no está gastando mucho. Sin embargo, después de un mes, cuando suma todos los pequeños gastos, encontrará que tiene una gran cantidad. Evite los viajes diarios a la tienda de comestibles para comprar artículos que haya olvidado. Estos viajes diarios tienen el potencial de dañar su presupuesto.

Enfréntese a esto reservando un día o incluso tres días sin gasto. Si no tiene los ingredientes correctos, ¿por qué no improvisar?

## Equilibre su presupuesto

## Desafíos del presupuesto y cómo sortearlos

Ahora que sabe cómo crear un presupuesto, ha aprendido cómo puede ajustarse a él, incluso ha escrito todo e hizo planes apropiados para su próximo mes financiero. Pero una cosa que no ha aprendido son los desafíos que debe esperar al comenzar su viaje hacia la vida de acuerdo con el presupuesto que ha creado.

Seamos realistas: apegarse a un presupuesto es como montar una montaña rusa. Por lo tanto, debe estar listo para manejar el lado malo. Si no, puede darse cuenta de que está fuera de los rieles. En otras palabras, se habrá caído del vagón de presupuesto y no es fácil volver a subir.

Por lo tanto, prepárese para conocer algunos de los problemas presupuestarios más importantes que enfrentará. Es crucial que sepa cómo solucionar estos problemas porque esa es la única forma en que puede estar seguro de permanecer en el vagón del presupuesto.

Comprender sus finanzas puede ser difícil. Podría ser conservador mientras su pareja gasta. O incluso eventos inesperados suceden en la vida, y no tiene un plan B para sacarlo de la situación no planificada. Sea lo que sea, aprenderá diferentes formas de planificar con anticipación para que, en caso de emergencia, o cuando ocurra uno de estos problemas más importantes, pueda mantenerse fuerte y superarlos.

Primero, necesita conocer los problemas de presupuesto más comunes que todos parecen experimentar, entonces puede aprender cómo puede superarlos. Estará listo antes de que algo surja de la nada, y debe luchar para encontrar una solución. También descubrirá cómo lidiar con gastos inevitables y no romper el banco.

Cuando se trata de asuntos relacionados con el presupuesto, uno de los problemas más importantes que enfrentan las personas es mantener la motivación. Es fácil encontrar razones para gastar de más. Siempre habrá eventos a los que asistir, tentadoras comidas en restaurantes y muchas otras cosas. En otras palabras, tendrá muchas oportunidades para sentirse tentado.

Como la vida es demasiado corta para evitar divertirse y pasar tiempo con la familia, no es necesario eliminar toda la diversión o jurar que nunca más cenará fuera. No solo será poco realista, sino que es una forma segura de prepararse para el fracaso. El hecho es que todos necesitamos divertirnos. Por lo tanto, el secreto es planificar y enumerar las cosas divertidas en el presupuesto para que cuando surjan, pueda sumergirse para experimentar la diversión.

Mientras lea la siguiente sección, se le recomienda que saque su presupuesto y tenga cuidado con los problemas de presupuesto más importantes, para que pueda estar equipado sobre cómo solucionarlos y seguir en el camino correcto.

## 1. Haga que todos participen

Para las parejas casadas, lleva tiempo entenderse y aprender entre sí. Tal vez le guste algo, pero a su pareja no le gusta. Lo correcto es hablar de eso. Cuéntele sobre sus metas para su futuro mutuo y el futuro de sus hijos. Si pueden verlo juntos, pueden comenzar a implementar los pasos para alcanzar sus objetivos financieros.

¿Se encuentra atascado? Si hablarlo no funciona, y usted está a punto de hacerlo, dele algo a su cónyuge que quiera. Puede ser una Xbox, un fin de semana o incluso una entrada para un concierto.

## 2. Sentir que está perdiéndose toda la diversión

Cuando comienza a seguir su presupuesto, uno de los mayores problemas que experimentará es que las cosas comenzarán a verse diferentes. En un momento, considerará ciertas cosas como que no son lo suficientemente divertidas.

Pero tenga en cuenta que la diversión aún no ha terminado. Aún va a tener su cita nocturna. Todavía pueden salir los fines de semana para jugar con sus amigos. Todavía tendrá tiempo para divertirse e interactuar con su familia. Solo necesita planificar e identificar pequeñas formas de ahorrar mientras se divierte.

Cuando desee ahorrar en experiencias, es bueno centrarse en la actividad en lugar de los recuerdos. Si viaja a algún lugar, concéntrese en tener una experiencia encantadora, pero establezca un presupuesto por adelantado. Vaya solo con la cantidad de dinero que desea gastar para tomar fotos y diviértase en lugar de tratar de llevar la diversión a casa.

Aproveche las actividades estacionales. Durante el verano, visite eventos deportivos locales, haga juegos y aproveche la diversión gratuita en su vecindario. Durante el invierno, disfrute de los sabores, las vistas y los sonidos de la temporada. Busque los medios para disfrutar de las diferentes pantallas de luces y otras actividades gratuitas, pero divertidas. Puede disfrutar del espíritu de cualquier temporada sin gastar dinero.

### 3. Miedo de crear recuerdos significativos de vacaciones

Navidad, cumpleaños e incluso Semana Santa son eventos que están llenos de comida, diversión y dulces. La mayoría de las personas piensa en regalos y regalos que van a entregar a sus seres queridos. Esto, si no está bien presupuestado, puede dañar su presupuesto. Entonces, ¿qué puede ofrecer para vacaciones y eventos especiales, y aun así asegurarse de que el regalo siga siendo significativo?

Por si no lo sabía, los regalos más significativos no son los más caros. Puede dar regalos con fotos porque no son costosos, pero son significativos y conmovedores para quienes los reciben.

Otro increíble regalo barato que puede ofrecer son las canastas de regalo. Puede repartir canastas de regalo que contengan golosinas, dulces y artículos de bricolaje caseros. Incluso puede crear canastas "temáticas" que tengan ropa, mini botes, pañuelos de papel y otros productos de referencia que necesite en el camino. Esta puede ser una gran idea que sus amigos y seres queridos amarán.

### 4. Experimentar emergencias costosas

Su fondo de emergencia debe ser un aspecto crucial de su presupuesto. Antes de comenzar a pagar su deuda o ahorrar algo, es esencial que su fondo de emergencia esté operativo. Su fondo de emergencia debe ser como su póliza de seguro. Independientemente de lo que ocurra, estará cubierto porque ha ahorrado alrededor de 2.000 $ para cubrir cualquier evento inesperado.

Muchas personas mantienen una tarjeta de crédito "para emergencias". Si usted es una de esas personas, debe comenzar a eliminar los planes para tenerla como su opción de emergencia. Si usted es serio acerca de un presupuesto y desea avanzar para controlar sus finanzas, entonces debe dejar de aumentar su deuda.

Considere esto: se producen emergencias. Simplemente no sabemos cuándo sucederán. Va a llegar un día en el que va a requerir mucho dinero. Esto significa que, si tiene su fondo de emergencia, puede lidiar con la situación rápidamente porque el dinero ya está allí.

Pero, ¿qué sucede cuando aparece una emergencia y no tiene fondo de emergencia? ¿Qué hará si necesita dinero?

Primero, debe evaluar si es una emergencia o no. Algunas situaciones, como vacaciones, fiestas y conciertos, no son emergencias. Por lo general, cuando comienza a preguntarse si es una emergencia o no, lo más probable es que no sea una emergencia. Todos saben cuándo una situación es una emergencia.

Cuando se trata de una emergencia, debe mantener la calma. Solicite una reducción en el plan de pago o busque un medio para incorporarlo a su presupuesto. Intente reducir el daño tanto como pueda.

## 5. Tiene miedo de cocinar en casa cuando tiene la opción de salir

Comer con amigos es divertido. Además de eso, es la opción más fácil. Alguien más prepara la comida y la trae a la mesa. Debe comer y pagar la factura. No hay estrés en absoluto. No hay problemas para lavar platos, tenedores y cucharas. Pero, ¿qué pasa si alguien más le dice que es fácil preparar la misma comida en quince minutos? Con algunos consejos para planificar comidas fácilmente, puede preparar alimentos para su familia sin sudar. Lo bueno de esto es que hay innumerables recetas y consejos gratuitos en línea para planificar sus comidas fácilmente. En otras palabras, no se quedará en la cocina por mucho tiempo. De hecho, pasará menos tiempo en comparación con salir a comer fuera.

## 6. Estar preocupado por decepcionar a otros

A las madres y esposas les cuesta decir que no. De hecho, algunos se sienten culpables por ello, sienten que están decepcionando a sus seres queridos cuando se niegan a salir con ellos y cenar o divertirse.

Escuchen, Si hay algo que debe saber es que sus amigos y familiares nunca estarán felices de verlo endeudado. Quieren pasar tiempo con usted. Y la buena noticia es que no necesita gastar mucho dinero para experimentar un tiempo de calidad con sus amigos. ¿Qué pasa si invita a sus amigos y familiares a una noche de juegos? ¿Parrilla en el verano? ¿U organiza una comida para sus seres queridos? Dígales sus planes y metas, y finalmente pídales su apoyo. Estarán encantados de saber de usted. Lo más probable es que también puedan estar en el mismo bote salvavidas que el suyo, por lo que les encantaría la idea de divertirse más barata.

En cuanto a los niños, hay muchas cosas que pueden exigir de usted como padre. Sin embargo, la mayoría de estas cosas no son tan costosas. La mayoría de las cosas que los niños pedirán son posesiones que los harán felices, saludables y cómodos en su entorno.

En lugar de concentrarse en comprar artículos físicos, puede considerar pasar tiempo con su hijo como familia. Sea juguetón con sus hijos. Pregúnteles sobre su día y escuche lo que quieren decirle, se sorprenderá de que eso les guste.

## Cómo superar sus principales desafíos presupuestarios

Los presupuestos son el centro de su solución financiera. Sin embargo, la importancia de un presupuesto no facilita el proceso. Cuando se trata de cuestiones relacionadas con las ganancias y los gastos, es bueno cometer la menor cantidad de errores posible. Conocer algunos de los desafíos que surgen cuando crea su presupuesto va de la mano para garantizar que su planificación financiera sea integral.

Con un poco de planificación y previsión, puede hacer que sus finanzas le funcionen, en lugar de que usted funcione para ellas. A continuación, se ofrecen algunos consejos que lo ayudarán a superar los mayores problemas de presupuesto:

### Conseguir esa libertad

Algunas personas piensan que los presupuestos son restrictivos porque identificarán dónde, cuándo y cómo va a gastar su dinero. Sin embargo, esta es la perspectiva incorrecta. Una cosa con un presupuesto razonable le dará libertad. Asegurará que todos los gastos imprescindibles sean atendidos, y que tenga dinero para gastar en las cosas que desea, no solo en las que necesita. Si cree que su presupuesto lo está privando de esa libertad, tómese el tiempo de revisar sus gastos mensuales y recuerde esa cifra. Esa es la cantidad de dinero que puede gastar, y si puede permitirse quedarse debajo de ella, estará en camino a ganar más dinero.

### No espere para Empezar

Uno de los principales problemas que enfrentan las personas después de crear un presupuesto es cómo comenzar. No espere a nada, cuanto antes empiece, mejor.

### Establezca sus metas

Un presupuesto debe tener metas financieras vinculadas a él. Esa es una de las razones por las que fue creado. El desafío para llegar a una meta es comprender el nivel de rigor que desea establecer. Algunas personas creen que un objetivo es algo en lo que debe trabajar extremadamente duro para lograr, otros piensan que una meta debería ser algo razonable que sea fácil de lograr sin trabajar demasiado. Asegúrese de establecer múltiples objetivos o incluso grados de éxito. Si establece un objetivo alto, no alcanzar su objetivo se definiría cómo perder la marca. Acercarse se consideraría un excelente trabajo.

**Lecciones de dinero útil del hombre más rico de Babilonia**

Si usted es una de esas personas que piensa que llega tarde para administrar su dinero, piense nuevamente:

**1. Primero, pague usted mismo: "Comience a engordar su bolso"**

Esto significa que debe aprender a ver el valor de su trabajo y hacer que se pague a sí mismo. Desarrolle un sistema simple que pueda controlar el dinero que gasta. Esto podría ser algo como:

• 20% = pago para usted.

• 10% = pagar sus deudas.

• 15% = Sus ahorros futuros.

• 5% = va a la iglesia / organizaciones sin fines de lucro.

• 50% = costes de vida.

**1. Aprenda a vivir dentro de sus posibilidades: "Controle sus gastos"**

Vivir dentro de sus posibilidades requiere que evite gastar más de lo que gana o produce. Tiene dos opciones: gastar menos o aumentar sus ingresos. Nuevamente, debe aprender a distinguir entre un deseo y un gasto. Finalmente, evite la tendencia a gastar más a medida que gana más. El hecho de que sus ingresos aumenten no implica que pague más.

**2. Asegure su riqueza - "Proteja sus tesoros contra la pérdida"**

• Tenga diferentes pólizas de seguro y medios de protección de ingresos.

• Construya un fondo de emergencia.

• Evite entrar en inversiones que son demasiado buenas para ser verdad.

• Cuando esté atascado, pídale consejo a un amigo o experto en ese campo.

• Hágase amigo de personas que tengan experiencia en lo que usted está buscando.

### 3. Cree un plan de jubilación: "Asegure un ingreso futuro"

Es cierto que llegará un momento en que no tendrá la misma energía que ahora para ganar dinero como lo hace. Se hará viejo y se debilitará. Es importante comenzar a planificar este día lo antes posible antes de jubilarse. Busque opciones alternativas para optimizar sus ganancias. La cuestión es tener un plan en el lugar donde sus ingresos continuarán funcionando sin que usted esté allí. Diversifique sus inversiones para aumentar su seguridad.

### 4. Deje que el dinero trabaje para usted: "Haga que su oro se multiplique"

Aprenda sobre el poder del interés compuesto y cómo puede ser su buen amigo:

• Interés bancario. Busque una cuenta de alto interés en línea a la que no pueda acceder con su tarjeta de cajero automático.

• Inversiones. Opte solo por inversiones después de haber ahorrado una reserva de seis a ocho meses de sus gastos de subsistencia.

• Hay muchas herramientas de inversión que puede seleccionar.

### 5. Tenga su propia casa: "Haga de su vivienda una inversión rentable"

Si puede, sea dueño de su casa. Sea inteligente con respecto a su gasto más grande, si no es la propiedad de la vivienda. Compre una casa que esté por debajo del máximo que puede administrar, pero que pueda disfrutar.

### 6. Invierta en mejorarse a sí mismo: "Aumente su capacidad"

Trate de ser sabio y conocedor. Es importante entender que el mundo en que vivimos ahora es emocionante. Esta es la era de la información donde las cosas siguen cambiando. Entonces necesita estar bien informado. Un enfoque que puede emplear para

administrar su negocio implica Aprender => Ganar => Obtener =>
Dar.

**Más consejos**

- Su capacidad para administrar el dinero con éxito
determinará si puede realizar sus sueños y deseos.

- No cuesta nada buscar un consejo sabio de un buen
amigo. Por esa razón, cuando este atrapado, pida ayuda.

- Ahorrar dinero es crucial, pero también lo es el
sentimiento de satisfacción. Aprenda a disfrutar la vida sin
sentirse deprimido.

- Pagar su deuda es excelente para demostrar que se
respeta a sí mismo.

- Recuerde: "El alma de un hombre libre mira al mundo
como una serie de problemas a resolver. Mientras tanto, el
alma de un esclavo se queja: "¿Qué puedo hacer?""

# Capítulo 4: formas simples de ahorrar todos los días

Hoy en día, con el aumento de la gratificación instantánea, es vital permanecer enfocado en el objetivo de ahorrar dinero de cualquier manera posible. Para ayudarlo a rastrear sus hábitos de gasto y reducir los gastos, aquí hay formas simples de ahorrar dinero todos los días. Vayamos directamente a los medios para ahorrar dinero.

Cómo ahorrar dinero en comestibles

**• Régimen de comidas**

La planificación de comidas es útil para su presupuesto y un cuerpo sano. Desarrolle un calendario de comidas para cada semana, comenzando con su cocina. Descubra lo que ya tiene e identifique lo que está a la venta en la tienda y verifique las recetas. La cena no debe ser lo único que tiene que planear. También debe planificar el almuerzo, el desayuno, los refrigerios y las bebidas. Si crea su lista de compras y prepara las comidas según lo que está a la venta en una semana en particular, ahorrará más dinero y gastará menos.

**• No compre lo que no está en la lista**

Es hora de hablar en serio consigo mismo. ¿Está listo para eso? Diga las siguientes palabras en su cabeza: *No está en mi lista.* Los descuentos en la tienda deben guiar una lista de compras bien escrita. Esta lista es esencial porque ayuda a una persona a olvidar.

## • Nunca compre con hambre

Es posible que haya escuchado esto antes. Si va de compras con hambre, su hambre o gasto excesivo lo llevarán a comprar de más.

## • Crear una lista de compras

Una vez que conozca sus comidas semanales y el tipo de ingredientes que necesita, puede crear una lista de todo lo que necesita. Las listas de compras más atractivas están organizadas por pasillo. Esto asegura que pueda continuar yendo a comprar. Es uno de los medios más naturales para quedar atrapado en una llamativa tentación.

## • Tener una cena simple

"Carne y tres" es uno de los conceptos erróneos de comida más comunes. Usted puede tener una gran cena sin derrochar el precio de los ingredientes. Además de ser más barato de cambiar, también es simple. No tenga miedo a tener una cena sencilla. Esto puede ser fantástico como una cena completa, pero también se puede incluir en otras comidas con una planificación crítica.

## • Pruebe las muestras de comida, pero no las compre

Podría aceptar probar una porción de comida si le preguntaran: "¿Quiere una muestra?" Pero no olvide su enfoque principal. Tiene una lista a seguir y un objetivo de ahorro que cumplir. No se sienta obligado a comprar alimentos simplemente porque los probó.

## • Aproveche los incentivos de la tienda

Puntos de recompensa, tarjetas de combustible y tarjetas de comprador. Identifique el tipo de tienda que tiene la mejor oferta y luego aprovéchela.

## • Pruebe las tiendas de comestibles

La lealtad es una cualidad importante en los empleados y amigos, pero no permita que la lealtad ciega lo haga volver a la tienda de comestibles que no va bien con su presupuesto. Se dice: "Es mejor darse una vuelta". Busque promociones en la tienda en línea. Deje que sus amigos le digan a dónde van y por qué. Aquellos que prefieren la selección de música en lugar del altavoz no son los mejores para escuchar. Los que dicen que comenzaron a ahorrar cientos de billetes antes de trasladarse a la tienda de comestibles son los que deben escuchar. Con toda la información, ingrese a un nuevo entorno y pruebe en la realidad.

**• Pida comestibles en línea**

¿Alguna vez ha considerado ordenar sus compras en línea? Ahora, puede completar su carrito de compras virtual desde cualquier lugar. Marque las opciones que desee: recogida o entrega. Considere los gastos adicionales. Algunas tiendas no cobran el siguiente servicio, mientras que otras sí lo hacen. Pero no se desanime por la tarifa. Si se desvía en la tienda real, esta opción lo obligará a comprar siguiendo un plan. Probablemente ahorrará mucho a largo plazo o incluso sin tarifa. Además, completará un carrito virtual y podrá controlar fácilmente sus gastos. Puede eliminar ciertos artículos o incluso buscar opciones más baratas antes de pagar, y al final no se sorprenderá por la suma total.

**• Use un servicio**

Pruebe un servicio de planificación de comidas en Internet como eMeals. Cada semana, enviarán una nueva receta, junto con una lista completa de compras organizada por la organización de comestibles. Esto le impide comprar innecesariamente mientras compra y salir a comer fuera debido a la emoción de comer en casa.

**• Cupón**

Ya sea que recorte o seleccione un elemento, no olvide su potencial. La mayoría de los supermercados cuentan con aplicaciones móviles con muchos cupones que generarán más ahorros. Descargue las aplicaciones mientras aprovecha la lista de compras. Sin embargo, no compre algo solo porque tenga un cupón. Si no lo va a comer, no lo necesita.

### • Sea genérico

No genérico con quién es usted sino con la elección de su marca. En la mayoría de los casos, los productos genéricos y de marca tendrán una ligera diferencia en ingredientes y calidad. Está bien elegir su mejor cereal o café siempre que lo presupuesta.

### • Mire el precio por onza

¿Cuál es un buen negocio: las 5 onzas de gominola que cuesta 2,95 $ o las 10 onzas que se venden por 7,95 $? La mayoría de las tiendas hacen la división anterior por usted, y está justo en la etiqueta. Cuando dude de algo, su teléfono tiene una calculadora. El precio que se divide por onza es equivalente al precio por onza. Una opción más significativa siempre es más barata.

### • Comprar al por mayor

Comprar cosas al por mayor es una de las mejores maneras de ahorrar. Antes de comprar algo al por mayor, hágase las siguientes preguntas:

• ¿Puedo comerlo antes de que se caduque?

• ¿El precio por onza es más barato?

• ¿Tengo espacio para mayor cantidad?

• ¿Puedo usarlo?

Dependiendo de la forma en que responda, sabrá si necesita comprar al por mayor o no.

### • Evite usar tarjetas de crédito

Una de las razones por las que no se recomienda utilizar tarjetas de crédito es que crean la mentalidad de gastar dinero. Incluso si siempre paga su saldo al final de cada mes, es sencillo gastar de más cuando el dinero no sale de su cuenta bancaria.

## • Cuidado con la panadería

El dulce aroma de los pasteles recién horneados, el pan y las galletas es una gran tentación para todos. Le llama desde el momento en que entra por las puertas automáticas. Si no está en su lista, no permita que este aroma lo tiente a comprar innecesariamente.

## • Mantenga los productos no alimenticios lejos de la línea presupuestaria de su supermercado

Es importante separar sus transacciones si selecciona su hogar o productos de belleza junto con sus comestibles.

## • Sea real hacia final de mes

Realice una verificación de la realidad de usted mismo cuando cierre su presupuesto al final del mes. Compare lo que ha presupuestado con lo que generalmente gasta. ¿Son sus expectativas razonables o irracionales? Si cree que ciertas cosas no están equilibradas, puede ajustarse un poco.

## Cómo ahorrar dinero en restaurantes

## • Ir temprano

Se dice que el madrugador atrapa al gusano, por lo que el comensal temprano obtendrá un buen trato. La mayoría de los restaurantes ofrecen un buen descuento a las personas que están listas para comer fuera del horario habitual de comidas. Incluso puede comer en sus lugares favoritos y pagar mucho menos.

## • Regístrese para recibir correos electrónicos

Lo último que desea ver en su bandeja de entrada es una suscripción de correo electrónico promocional, pero las ofertas que recibe pueden ser bastante buenas. Aparecerán cupones digitales exclusivos, ofertas, recordatorios regulares de ofertas especiales y cupones digitales sin ningún esfuerzo de su parte para el registro inicial. Puede decidir darse de baja más adelante en caso de que los correos electrónicos no proporcionen suficiente, o cuando terminen sus antojos de una rosquilla con sabor a pastel de crema de coco.

• **Compre tarjetas de regalo usadas o con descuento**

Puede comprar tarjetas de regalo en línea en sitios como Raise y Cardpool. Revise su tienda de almacén para obtener ofertas en las tarjetas de regalo de su restaurante preferido.

• **Evitar aperitivos**

Si la elección de su restaurante ofrece pan o patatas fritas de cortesía, entonces puede renunciar a comprar el aperitivo. Ahorre aproximadamente 8 $ mordisqueando las cosas gratis antes de que llegue su plato principal.

• **Beber agua**

Si desea ver el menú del restaurante, verá que venden una botella de agua potable. Una forma rápida de ahorrar algunos dólares es pedir un vaso de agua.

• **Ir a lugares donde se sirve usted mismo**

Si le gusta comer fuera, aún puede ahorrarse un 18% yendo a lugares donde se auto servirá. Conozca el lugar donde ordena antes de sentarse. Una cosa de la que está seguro acerca de los lugares sin servidores es que no tendrá que dar propina a nadie. Trabajar en trabajos paga maníes, y las personas que trabajan como servidores dependen de su propina. Sin embargo, recuerde que ahorrar dinero omitiendo la propina no es una gran idea.

• **Ir un lunes o martes**

La mayoría de los restaurantes no tienen buen tráfico los lunes y martes porque la gente está tratando de eliminar el estado de ánimo del fin de semana. Esto significa que hay muchas promociones los lunes y martes.

• **Evite las fiestas populares**

Los menús de precio fijo se han vuelto muy comunes para las fiestas populares. Por solo 49 $ por persona, se le puede servir una comida de tres platos, pero ¿qué pasa si desea pagar 15 $? Esta es la razón por la que debe evitar comer en sus vacaciones favoritas.

## • Ahorre el dinero del almuerzo

Preparar su almuerzo en casa es una de las mejores maneras de ahorrar dinero en efectivo. Si va a comer cinco días a la semana durante la mitad de la comida y gasta 25$- 60$ a la semana, esto significa que gastará 200$ al mes, que puede ahorrar al comenzar a preparar sus comidas en casa.

## Cómo puede ahorrar dinero en productos cotidianos

## • Venda o use su tarjeta de regalo

Si tiene muchas tarjetas de regalo sin usar, puede convertirlas en efectivo intercambiándolas con amigos.

## • Diga no a las tarjetas de crédito

Uno de los métodos más rápidos para ahorrar dinero es gastar solo lo que tiene. Evite usar tarjetas de crédito y no se sienta tentado a usar una tarjeta de crédito de la tienda porque lo convencen de que compre los "deseos" actuales, poco sabe usted que está entrando en un largo ciclo de deuda.

## • Coloque una lista de compras en su refrigerador

Cuando se dé cuenta de que necesita pasta dental adicional, papel higiénico, etc., escriba una pequeña nota en la lista de compras de esa semana. No espere hasta el último minuto. Los viajes rápidos y cortos para estas cosas significan que va a gastar más. Tenga en cuenta que estas pequeñas salidas adicionales se suman a todo su presupuesto. Es por eso que lo mejor es vigilar de cerca los artículos y hacer una pequeña nota cuando los suministros se agoten.

## • Use el transporte público o camine

Bueno, podría ser conveniente conducir, pero ¿sabía usted que conducir no es rentable? Según Andrei Vasilescu, el CEO del sitio de ahorro de dinero "DontPayFull", debe evitar conducir su automóvil al trabajo.

En su lugar, recomienda que utilice el transporte público, como autobuses, trenes o incluso vehículos compartidos. Esto ayudará a su billetera porque el transporte público es barato. Tenga en cuenta que poseer un automóvil tiene muchos costos adicionales, como tarifas de estacionamiento, seguros y muchos más.

### • Busque aplicaciones de planificación financiera

Los objetivos de planificación financiera podrían ser el mejor medio sin esfuerzo para ahorrar dinero todos los días porque están integrados con su cuenta para controlar sus gastos y enviarle alertas cuando surja un problema.

Las aplicaciones como Wally, Mint y Acorns crean un presupuesto y lo alertan cuando está gastando demasiado.

### • Organice una comida compartida

Tener más amigos significa más dinero en efectivo que gastará en almuerzos, regalos y cumpleaños. En lugar de reunirse para una buena cena, organice una comida compartida y deje que todos traigan su plato favorito. De esta manera, puede gastar el dinero en extras de restaurantes como propinas y estacionamiento.

### • Busque sitios web de alquiler de alojamiento

Encontrar un buen lugar para pasar una noche mientras viaja es increíble, especialmente cuando utiliza sitios web de alquiler como House Trip, Airbnb o incluso Travelmob. Siempre puede buscar un lugar que tenga cocina para poder preparar algo de comida y ahorrar dinero.

### • Prepare su café en casa

A la mayoría de la gente le gustan los cafés para llevar. Sin embargo, gastar 4$- 5$ en un café todos los días suma bastante.

### • Espere 48 horas antes de hacer clic en "comprar"

Dado que es posible obtener todo lo que deseamos con solo hacer clic en un botón, debe idear un sistema que lo ayude a manejar su compra impulsiva.

Por ejemplo, dese 48 horas antes de gastar dinero en productos que cuestan más de lo que debería permitir. Al hacer eso, se dará cuenta de que el artículo que quería comprar era solo un "deseo" y no una "necesidad". Además, ahorrará su dinero y estará al tanto de sus gastos.

## • Subcontratar en línea

El tiempo es un recurso crucial, y su tiempo es valioso. Hoy en día, hay muchas tareas que puede externalizar y, por lo tanto, ahorrarse una gran cantidad de tiempo y dinero. ¿Cómo puede determinar si necesita externalizar algo?

Una excelente manera de hacerlo es calculando el tiempo que lo ayudará a determinar si debe pagarle a alguien para que haga algo por menos de su tarifa por hora.

## • Elija la calidad en lugar de la cantidad

Este se aplica a la ropa, la comida y la electrónica. Si bien es tentador ir con el más económico, a veces, seleccionar un producto de calidad en lugar de cantidad le ahorrará algunos dólares.

## • Busque en línea los códigos promocionales

Google, Coupons.com y retailmenot.com deberían ser sus amigos. Antes de comprar cualquier cosa, busque descuentos. El envío gratuito, los porcentajes de descuento y los descuentos por artículos específicos surgirán ante sus propios ojos.

## • Regístrese para recibir alertas de saldo

Si su banco puede permitirle configurar su notificación para que le avise cuando la cuenta se está agotando, hágalo.

## • Hable con su proveedor de internet

Muchos proveedores de internet ofrecen una tarifa introductoria y luego comienzan a aumentar la tarifa en 30$ - 40$ cuando desea renovarla. Llámelos y averigüe si pueden mejorar hasta que una persona esté lista para escucharle y reducir la tasa.

## • Reduzca el tamaño de su casa

Hay muchas razones por las que querrá reducir el tamaño. Podría ser por la hipoteca.

## • Controle sus emociones

Gastar demasiado es un medio para evitar experimentar ciertas emociones. Si realiza un control personal de usted mismo antes de "mimarse", puede identificar áreas que lo hacen sentirse aburrido, estresado y solo. Como resultado, está gastando dinero para satisfacer su emoción. Analícese antes de comprar y tenga en cuenta sus gastos.

## • Lea un libro de finanzas personales

Al leer libros sobre finanzas personales, aprenderá métodos útiles que pueden ayudarlo a ahorrar dinero para toda la vida. Además, el conocimiento es el secreto para hacerse rico y exitoso.

## • Desglose sus metas financieras

Necesita ser específico con sus objetivos financieros. Por ejemplo, si dice: "Quiero ahorrar para el pago inicial de una casa", esto todavía no es suficiente. Es vital que especifique la cantidad que necesita, cuándo y qué debe hacer para ahorrar cada mes para alcanzar la meta. Al conocer su objetivo, es probable que permanezca enfocado y continúe ahorrando hasta que alcance el objetivo.

## • Trueque por reparaciones

Cuando desee contratar a un experto para que le ofrezca ayuda en un área específica, puede considerar hacer un programa de trueque. Por ejemplo, arreglan la luz en la cocina y usted le da clases a su hijo.

## • Vuelva a verificar sus facturas

Existe una alta probabilidad de que pueda ahorrar una gran suma de dinero en sus facturas mensuales fijas. Estas son cosas simples que puede ignorar porque ha pagado la misma cantidad cada mes por lo que parece una eternidad. ¿Pero se está perdiendo tarifas especiales para su teléfono celular? ¿Qué pasa con su matrícula mensual en el gimnasio?

**• Cambie sus agentes de seguros**

Muchas personas establecen el seguro del inquilino y lo dejan así. Sin embargo, las cosas cambian con el tiempo. Vuelva a verificar su seguro. Puede buscar un agente de seguros independiente con quien pueda hablar. La lealtad recae sobre usted y no sobre una empresa específica.

**• Cambie sus dispositivos de energía e instale dispositivos de bajo consumo**

Mientras reemplaza sus electrodomésticos, considere actualizarlos para ahorrar más energía. Esto ahorrará energía y, a su vez, le ahorrará dinero. Si parece ser una gran inversión ahora, comience con poco. Puede comenzar reemplazando sus bombillas con las que tienen el logotipo de Energy Star, y se dará cuenta de que puede ahorrar alrededor de 75$ al año.

**• Controle su progreso**

Los estadounidenses ahorran alrededor del 5.5% de su dinero en comparación con el 20% que recomiendan las finanzas personales. En lugar de sentirse avergonzado por su falta de ahorro, debe comenzar ahorrando poco.

**Cómo puede construir más riqueza**

Thomas J. Stanley, el autor de The Millionaire Next Door, describe tres formas en que puede generar más riqueza:

• El primer paso para crear riqueza es ahorrar parte de sus ingresos.

• Cualquiera puede generar riqueza sin importar el estado de su educación o condición financiera.

• Puede construir su riqueza si elige concentrarse en ser ingenioso, generar múltiples flujos de ingresos y concentrarse en ahorrar.

Incluso si no viene de un entorno rico, usted puede hacerse rico.

No importa su situación financiera, la creación de riqueza se reduce a tres aspectos: ahorro, optimización de ingresos e ingenio.

Según el coautor del libro, William D. Danko, la verdadera prosperidad es la acumulación de buena riqueza y felicidad.

En una sesión de preguntas y respuestas con *The Washington Post*, se le pidió a Danko que diera su mejor consejo para aumentar la riqueza:

"Independientemente de su situación financiera y educación, primero, comprométase a ahorrar el 20% de sus ingresos. Actualmente, la mayoría ahorra alrededor del 5%. Es difícil salir adelante como inversionista sin ahorrar primero".

En segundo lugar, debe aprender a convertirse en un buen administrador de sus recursos. Esto debería incluir tener una relación personal estable y hábitos personales positivos. Los comportamientos anteriores generarán una larga vida y múltiples oportunidades.

Tercero, tener un flujo de ingresos diferente. Un segundo trabajo puede ser significativo.

La dedicación para ahorrar sus ingresos es un aspecto importante para definir sus objetivos financieros. Además, es el secreto para hacer crecer cualquier riqueza. En particular, el 20% debe mantenerse para un fondo de emergencia, pagar la deuda y la jubilación.

Incluso si no puede guardar esa cantidad ahora, esa es la cantidad en la que necesita concentrarse.

En otras palabras, gastar todos sus ingresos significa que no puede aumentar su riqueza financiera neta. Tiene que entrenar la escasez financiera autoimpuesta. Esto significa que si gana 100.000 $, puede desarrollar un estilo de vida que exija el 80% de este dinero y ahorre el resto.

Cuanto más tiempo permanezca, más tiempo se acumularán los ahorros y las inversiones en intereses compuestos. Es por eso que se recomienda comenzar a invertir lo antes posible.

Según la investigación, una vida personal saludable dará como resultado una vida más larga. De hecho, los estudios indican que construir una amistad es el secreto para envejecer bien y aumentar su felicidad. Además, algunos hábitos personales, como cambiar su dieta y hacer el ejercicio corporal adecuado, son importantes.

Por último, cuando genere más ingresos, podrá ganar más dinero y ahorrar, siempre y cuando no se convierta en una de las víctimas del "estilo de vida". Esto lo ayudará a crear más ingresos pasivos.

**Formas de gastar dinero sabiamente**

La vida frugal no significa que se prive de toda la diversión. De hecho, le sorprenderá saber lo fácil que puede ser escalar sus gastos siempre que sea paciente y planifique bien. Cuanto más pueda ahorrar de cada parte de dinero que gaste, mayor será la cantidad de dinero que tendrá. A continuación, hay siete formas de gastar el dinero sabiamente:

**1. Apunte a la calidad donde es importante**

La opción más barata es la más cara. No hay necesidad de comprar algo por 30$ y luego, después de tres meses, comprar otro. Es mejor gastar 60$ en un producto que le durará hasta el próximo año. De esta manera, sabrá que ahorrará dinero y tiempo.

**2. Recorte cupones para ofertas específicas**

Comer fuera es una actividad divertida, pero si no es disciplinado, puede vaciar su billetera más rápido de lo que cree. Los restaurantes son normalmente generosos con los tipos de ofertas que ofrecen, por lo que debe comenzar a recortar algo de dinero en efectivo.

**3. Espere**

Como comprador, debe aprender el arte de ser paciente. La paciencia es el juego que le hará ganar grandes recompensas.

## 4. Vaya a por comestibles de etiquetas genéricas

A la mayoría de las personas les gusta comprar productos de marca en lugar de comprar etiquetas genéricas. Aunque estas personas creen que están comprando un producto de calidad, la verdad es que los productos de la marca tienen un precio alto debido a los gastos de comercialización. En otras palabras, el producto se vende más caro porque quieren compensar su presupuesto de mercadeo.

## 5. No compre productos especializados

Al comprar productos, elija productos que tengan diferentes usos en lugar de un solo uso específico. Por ejemplo, ¿necesita comprar una herramienta especial para ayudarlo a pelar una naranja cuando un cuchillo puede hacer el mismo trabajo? ¿Necesita una cuchara de helado cuando una cuchara normal puede hacer el mismo trabajo? ¿Necesita una impresora, un escáner o una máquina de fax por separado cuando puede obtener todo en un solo dispositivo?

## 6. No vaya de compras con personas a las que les gusta comprar

Si no desea gastar de más en las compras, es mejor asegurarse de no entrar a la tienda de comestibles con su amigo adicto a las compras. La razón es que se infectará con el mismo hábito, y para cuando llegue a casa, su billetera ya estará vacía. Tenga en cuenta que algunos amigos solo son buenos para pasar el rato, pero no cuando quiere ir de compras.

### Otras formas de ahorrar dinero todos los días

- Apague la televisión
- Deje de coleccionar y comience a vender
- Regístrese para obtener recompensas gratuitas para clientes
- Cree sus regalos en lugar de comprar en la tienda

- Domine la regla de los 30 días. Esta regla le enseña a lidiar con la gratificación instantánea y esperar 30 días antes de comprar cualquier cosa
- Repare la ropa en lugar de tirarla
- No gaste mucho dinero entreteniendo a sus hijos
- Intente negociar una tasa con la compañía de su tarjeta de crédito
- Limpie sus armarios
- Compre videojuegos que tengan el mayor valor de repetición y no busque nuevos hasta el momento en que domine lo que tiene
- Beba suficiente agua
- Diga no a las comidas preparadas y comidas rápidas
- Si es fumador, inscríbase en un programa para dejar de fumar
- Apague las luces cuando no esté usando una habitación
- Intercambie libros, DVD / Blue-rays y música en la biblioteca o en Internet
- Optimice las ventas de garaje
- Instale LED o CFL donde sea razonable
- Instale un termostato programable
- Cambie o limpie el filtro de aire de su automóvil
- Compare precios y vaya a la tienda de comestibles más barata
- Evite el gasto impulsivo
- Verifique el mantenimiento de sus electrodomésticos
- Compre productos usados si es posible
- Elimine los números de sus tarjetas de crédito de sus cuentas en línea
- Haga sus compras navideñas inmediatamente después de las vacaciones
- Apéguese a autos confiables y eficientes
- Evite ir al centro comercial
- Alquile espacio no utilizado en su hogar
- Cree un recordatorio visual de su deuda

- Dese de baja de las suscripciones a revistas
- No tenga miedo de las sobras
- Lleve su almuerzo en bolsas de papel
- Revise toda su ropa
- Practique para vestirse mínimamente
- Intente arreglar las cosas usted mismo
- Invierta en un congelador

**Lecciones para construir la riqueza de The Millionaire Next Door**

Si usted quiere convertirse en millonario, probablemente tendrá que comenzar aprendiendo las acciones de los millonarios. Busque libros financieros populares y seguramente encontrará diferentes libros, incluido The Millionaire Next Door.

El concepto principal del libro es que "las personas que parecen ricas pueden no ser ricas", y probablemente gastan más usando herramientas de riqueza. Estas personas pueden tener grandes carteras y algunas deudas grandes. Por el contrario, los millonarios reales pueden estar viviendo en "vecindarios de ingresos medios" y conducir automóviles económicos.

Es posible que haya encontrado el libro, o incluso haya conocido el concepto. Tal vez lo leyó hace mucho tiempo. Si lo vuelve a leer, comenzará a recordar la gran sabiduría que Stanley y Danko descubrieron de sus muchos años de análisis millonarios.

Sin más preámbulos, aquí hay una lección del libro:

**Lección 1: El ingreso no es igual a la riqueza**

Por supuesto, los hogares de altos ingresos tienden a tener más riqueza que otros hogares. Sin embargo, la cantidad de ingresos solo revela una diferencia del 30% en la riqueza entre los hogares. Entonces, lo importante es cuánto de sus ingresos invierte. En promedio, se dice que los millonarios ahorran alrededor del 20% de sus ganancias.

Danko y Stanley proporcionan una fórmula para determinar si su patrimonio neto se corresponde con sus ingresos:

> Multiply your age times your realized pretax annual household income from all sources except inheritances. Divide by 10. This, less any inherited wealth, is what your net worth should be.

### Lección 2: Sepa a dónde va su dinero

"¿Sabe usted cuánto gasta su familia cada año en comida, vivienda y ropa?" Aproximadamente "dos tercios de los millonarios" responden "sí" a esta pregunta. Por otro lado, solo el "35% de los millonarios de altos ingresos" dice que sí a la pregunta anterior.

### Lección 3: Sepa a dónde quiere que vaya su dinero

Dos tercios de los millonarios respondieron afirmativamente a la siguiente pregunta: "¿Tiene un conjunto bien definido de objetivos semanales, diarios, mensuales y anuales?"

### Lección 4: Trabaje ese presupuesto

Muchos millonarios operan con un presupuesto. Aquellos sin presupuesto, se dice que tienen lo que Stanley denomina "un entorno económico artificial de escasez", más comúnmente conocido como "pague primero". En otras palabras, invierten una gran parte de su dinero antes comenzando a gastar.

Como dicen los autores, "Es mucho más fácil presupuestar si visualiza los beneficios a largo plazo de esta tarea".

### Lección 5: el tiempo es dinero

Todos los planes de crear un presupuesto y establecer metas consumen tiempo, pero los millonarios están listos para comprometerse. Los acumuladores prodigiosos de riqueza pasan la mayoría de las horas planificando sus inversiones como "bajo acumuladores de riqueza". La mayoría de los acumuladores prodigiosos reconocieron las siguientes declaraciones, mientras que la mayoría de los acumuladores no lo hicieron.

• "Paso mucho tiempo planeando mi futuro financiero".

• "Por lo general, tengo suficiente tiempo para administrar mis inversiones adecuadamente".

• "Cuando se trata de la asignación de tiempo, coloco la administración de mis activos antes que cualquier otra actividad".

No necesita ganar mucho para planificar. En una encuesta realizada por Stanley y Danko sobre 854 trabajadores de ingresos medios, descubrieron una "fuerte correlación positiva" entre la planificación de inversiones y la acumulación de riqueza. Esta planificación adicional no solo funciona. Según Danko y Stanley, "la mayoría de las PAW tienen un cronograma de planificación reglamentado. Cada semana, cada mes, cada año, planean sus inversiones".

### Lección 6: Ame su pareja

Muchos hombres ricos solo se casan con una persona y siguen comprometidos con esta persona por el resto de sus vidas.

Por supuesto, el matrimonio no debe definirse por el dinero. Sin embargo, diferentes estudios han demostrado que las personas casadas hacen más riqueza que las personas solteras o divorciadas.

Pero es importante al elegir a una persona con la que casarse, que tenga unos hábitos financieros correctos. Según Danko y Stanley, en la mayoría de los hogares millonarios, el esposo era el sostén de la familia y parecía ser frugal, pero la esposa lo es aún más. Tal y como lo expresaron, "una pareja no puede acumular riqueza si uno de sus miembros es un hiper-consumidor".

### Lección 7: Ame el hogar en el que está

La elección de su hogar determinará su potencial para hacer riqueza. Stanley y Danko descubrieron que la mitad de los millonarios tendían a vivir en una casa durante más de veinte años.

En Stop Acting Rich, también escrito por Thomas Stanley, profundiza en cómo su casa afecta sus gastos. Él dice: "Nada tiene un mayor impacto en su riqueza y su consumo que sus elecciones de casa y vecindario".

Además, dice: "[Las personas] que viven en hogares de millones de dólares no son millonarios. Pueden ser productores de altos ingresos, pero, al tratar de emular millonarios ricos y relucientes, están viviendo en una cinta de correr".

Si planea comprar una casa, Stanley le ofrece este sencillo consejo: "El valor de mercado de la casa que compre debe ser menos de tres veces el ingreso anual total de su hogar".

## Lección 8: No aleje su riqueza

La mayoría de las personas adineradas son propietarias de sus automóviles en lugar de arrendarlos. Aproximadamente una cuarta parte maneja el último modelo, y el otro cuarto maneja autos de más de cuatro años. A más de un tercio de los millonarios les gusta comprar vehículos usados. Según Stop Acting Rich, Toyota es el tipo de vehículo más común utilizado por los millonarios.

Ahora, una pregunta que podría hacerse es: ¿quién conduce un Mercedes y un BMW entonces? La mayoría no son millonarios. Para su información, el 86% de los automóviles de prestigio son comprados por no millonarios. Stanley incluso escribe que "una de cada tres personas que cambiaron su auto viejo por uno nuevo era al contrario y debía más por el intercambio que su valor de mercado". Es bastante difícil convertirse en millonario haciendo tales cosas.

## Lección 9: Los ricos son diferentes, son más felices con su vida

Quizás se pregunte si esta idea de vivir por debajo de sus posibilidades compensa a largo plazo. Bueno, el millonario tiene una amplia cartera, pero ¿están contentos? Según The Millionaire Next Door, están realmente satisfechos.

# Capítulo 5: La inversión para principiantes

Si quiere convertirse en el próximo millonario, debe comenzar a invertir su dinero. No tiene sentido si no invierte. Incluso si decide invertir el 5% de su dinero, seguirá creando una diferencia en el futuro.

Debe saber que invertir es un movimiento inteligente y que varias personas han ganado mucho dinero invirtiendo. Tal vez desee invertir, pero no sabe cómo comenzar, o podría tener miedo de perder todo su dinero, y no desea volver al punto de partida para aumentar sus ingresos.

La buena noticia es que este capítulo le presentará los conceptos fundamentales sobre la inversión que necesita saber.

Puede dominar la inversión y, si lee todo este capítulo, aprenderá los conceptos básicos para comenzar. No necesita preocuparse por perder todo su dinero cuando se concentra en el largo plazo y sigue los principios de un inversionista promedio.

Tampoco necesita hacer todas las tareas ni ofrecer todos sus retornos a alguien delegado. Dependerá de la automatización y permitirá que la computadora haga el trabajo por usted.

Después de completar este capítulo, lo único que le queda por hacer es sumergirse en la acción. No se preocupe, será guiado a través del proceso. Ya sea que desee prepararse para su plan de jubilación o ahorrar para la universidad de su hijo, logrará su objetivo más rápido invirtiendo.

Dicho esto, **¿qué es invertir y por qué debería importarle?**

En términos simples, invertir puede definirse como negociar su dinero hoy con la expectativa de ganar más en el futuro.

Poner su dinero en un negocio que construye o en una casa en la que vive también es una forma de inversión. También existe la inversión en el mercado de valores, que es muy popular. Las inversiones son el alto rendimiento que realiza a largo plazo, la palabra clave aquí es "largo plazo".

Algunas personas tienen miedo del mercado. Una característica común de las personas que temen al mercado es que ponen mucho énfasis en su dinero.

Como saben, a los bancos no les gusta regalar su dinero. Esta mentalidad se muestra en las tasas de interés que ofrecen los bancos cuando se trata de cuentas corrientes y de ahorro.

Cuando deposita su dinero en el banco, el banco invertirá en ese efectivo al 7% anual o más. Una vez que obtengan su beneficio, le devolverán un pequeño porcentaje.

Tenga en cuenta que este es su dinero que están invirtiendo, por lo que merece una mayor participación. La única forma de lidiar con el problema de un banco aprovechando su dinero es invertir el dinero usted mismo.

Eso nos lleva a la siguiente pregunta:

**¿Por qué invertir?**

Ahorrar dinero no es suficiente para construir un imperio de riqueza. Si bien un banco mantendrá su dinero seguro, cada año, la inflación hará que cada dólar que haya ahorrado sea menos valioso. En otras palabras, el dólar que mantenga en el banco hoy va a valer un poco menos el año siguiente.

Por otro lado, cuando elige invertir, sus dólares funcionarán para hacerle ganar más dólares. Los nuevos dólares funcionarán para hacerle ganar aún más dólares. Que de nuevo funciona para ganar más. Esto se llama crecimiento compuesto.

A largo plazo, la inversión generará una oportunidad para que sus activos crezcan y superen la tasa de inflación. Sus ahorros iniciales crecen en lugar de disminuir su valor. Esto hace que sea significativamente rápido ahorrar para objetivos a largo plazo, como la jubilación.

Estará loco por no invertir, y estará igualmente loco cuando juegue con su dinero en una cuenta corriente y de ahorros porque la diferencia siempre es pequeña. Por si no lo sabía, es mejor que tenga el 90% de su dinero en una cuenta corriente y el 10% en una cuenta corriente en lugar del 90% en una cuenta de ahorros.

**Portafolio y diversificación**

Cada vez que lea una guía de inversión para principiantes, es probable que encuentre los términos "Portafolio" y "Diversificación".

**Entonces, ¿qué significan estos términos y por qué debería aprenderlos?**

Todo lo que usted tiene es parte de su cartera. Sus cuentas de inversión, cuentas de jubilación e incluso su hogar son formas de inversiones. Su cartera no incluye una cuenta corriente y de ahorros. La razón es simple: estos son activos a corto plazo. Cuando se trata de la cartera, debe contener sus métodos de inversión de creación de riqueza a largo plazo, pero no a corto plazo.

**¿Cuándo debería invertir?**

Si aún no ha comenzado a invertir, hoy es un buen momento para comenzar.

En general, querrá comenzar a invertir lo antes posible para establecer una base financiera sólida. Esto comprende no tener una deuda de alto interés, un objetivo para su inversión en mente y un fondo de emergencia. Al hacerlo, le permitirá dejar el dinero invertido a largo plazo.

### Importancia de comenzar joven

Cuando se trata de invertir, el momento en que comienza es crítico. Cuanto más tiempo invierta su dinero, más tiempo tendrá que trabajar para generar más dinero y aprovechar el crecimiento compuesto. También es mucho menos probable que un mercado duro afecte en gran medida su riqueza, ya que tendrá tiempo para dejar el dinero invertido y recuperar su valor.

### Pagar deudas de alto interés

Si sabe que tiene una deuda de alto interés, entonces invertir es una excelente manera de pagar su deuda. Su dinero funcionará para eliminar ese gasto de alto interés. Concéntrese en salir de la deuda lo antes posible, luego concéntrese completamente en invertir.

### Guarde un fondo de emergencia

El tiempo es una herramienta valiosa a la hora de invertir. Para comenzar, debe prepararse para permitir que el dinero permanezca en la inversión. Si no, reduce su tiempo, y esto podría obligarlo a retirar dinero en el momento equivocado.

Para protegerse de gastos inesperados, ahorre suficientes fondos de emergencia para sus necesidades. No planifique que sus cuentas de inversión se conviertan en una fuente común de efectivo.

### Comenzar con poco está bien

A veces, las personas tienen la idea equivocada de que no pueden comenzar a invertir hasta el momento en que tengan suficiente dinero. Si este fuera el caso, muchas personas abandonarían los años de crecimiento compuesto esperando hasta el momento en que se enriquezcan. No importa cuán pequeño sea su dinero, se recomienda que le sea beneficioso lo antes posible.

**Los principios de inversión**

El mundo de la inversión no es pan comido. Puede ser complejo. Existen principios de inversión clave que se aplican a todos, ya sea un administrador de cartera experimentado o un inversor novato. Nunca está de más pasar un tiempo analizando los principios críticos y mejorando las bases sobre las cuales tomamos decisiones de inversión.

A continuación, se presentan diez principios de inversión que son críticos para el éxito:

**1. Adoptar una estrategia de inversión**

Es crucial conocer el tipo de inversionista que es y atenerse a los principios de su estrategia de inversión. Si decide convertirse en un inversor de valor, está en el lugar correcto para aprender. Sus decisiones de inversión deben basarse en la valoración. No importa su estrategia de inversión, asegúrese de adoptar una estrategia consistente. Esto significa que, como inversionista de valor, no debe involucrarse en una inversión de impulso.

**2. Invierta con un intervalo específico de seguridad**

Si compra un activo por un valor inferior a su valor real, tendrá un margen de seguridad. Una de las cosas más emocionantes que debe recordar es que el precio es importante. El plan correcto para reducir el riesgo es comprar inversiones a un precio inferior al valor intrínseco.

Un precio bajo significa un alto valor de apreciación si la situación es favorable. Del mismo modo, un bajo costo creará un margen de seguridad si las circunstancias están bien.

**3. La asignación de activos es el número 1**

La forma en que asigna su cartera entre las diferentes categorías de activos es el factor decisivo más importante de sus retornos de inversión. Si coloca dinero en categorías de activos sobrevalorados, obtendrá retornos pobres a largo plazo. Es importante que sobreponga las categorías de activos a precios bajos y evite las categorías de activos costosas.

### 4. Invierta a largo plazo

La inversión a corto plazo es un inconveniente de las estrategias de inversión actuales. Los grandes inversores saben que, si compra una inversión a un precio asequible, el mercado puede tardar un tiempo en comprender su verdadero valor.

Una inversión a largo plazo es uno de los principios de inversión más importantes debido a los resultados comerciales a corto plazo en el rendimiento a largo plazo. Esto es popular porque muchos inversores permiten que el miedo y la codicia les hagan tomar decisiones equivocadas. El largo plazo se resolverá solo si toma una decisión acertada.

### 5. Mantenga sus gastos bajos

Muchos inversores no entienden la diferencia que causa un alto costo en su cartera.

Por ejemplo, en 30 años, un aumento en el gasto del 1% le costará a su cartera más que el capital original.

### 6. La diversificación es importante

La diversificación de la inversión en pequeñas cifras ofrece grandes beneficios. Si tiene cinco inversiones, ganará más que con dos inversiones.

### 7. Use la capitalización para su ventaja

El crecimiento exponencial es un gran concepto financiero. Aprenda cómo funciona para usted y la razón por la cual la composición de crecimiento de dividendos multiplica el valor de la composición.

Es crucial aprender la devastación de la capitalización inversa. Cuantos más portafolios pierda, más difícil será compensarlo porque pierde el capital. Una pérdida del 10% merece una ganancia del 11% para volver al punto de equilibrio. Pero una pérdida del 50% necesita una ganancia del 100% para volver al punto de equilibrio.

## 8. Controle su destino

A nadie le importa más su dinero que a usted.

La tecnología e Internet han reducido los costos de transacción y han ofrecido formas de adquirir información y orientación a un costo muy bajo.

### ¿Es la inversión lo recomendable para mí?

No importa si ha planeado comprar su primera acción o si ha seleccionado un mercado para invertir fondos por primera vez, siempre trate de responder por qué quiere invertir.

A la larga, las acciones históricas y las acciones superan las cuentas de ahorro de dinero.

### ¿Por qué no necesita un inversor financiero?

Todos quieren tener éxito después de un puñado de años de inversión. La verdad es que esto no siempre sucede y es poco probable que ocurra.

Eso es importante porque somos conscientes de que, con suficiente paciencia y tiempo, es posible encontrar el éxito. El problema ocurre cuando la gente se queda sin paciencia. Comienzan a buscar atajos. Una de las alternativas más comunes es la contratación de un asesor financiero.

### Hay muchas razones por las que no debe contratar a un asesor financiero. Algunas incluyen:

1. Nadie trabajará duro para ayudarlo a construir su riqueza.

2. La opción de evitar tarifas.

3. Es posible que no obtenga el mejor asesor financiero.

### ¿Dónde debe concentrarse primero?

Al comenzar a invertir, puede ser bastante difícil elegir entre numerosos tipos de cuentas de inversión. Al comenzar, tenga en cuenta concentrarse donde ve el valor más alto.

**Principios de inversión inteligente**

La inversión exitosa requiere que una persona tome la decisión correcta que satisfaga las necesidades especiales y los objetivos financieros del futuro:

**1. Compréndase a sí mismo**

Todos tienen diferentes objetivos de inversión y diferentes plazos para lograr dichos objetivos. Algunos son a corto plazo, otros a largo plazo.

Aunque los riesgos pueden parecerse a cosas que puede evitar, un mayor riesgo puede brindar la oportunidad de obtener mayores recompensas a largo plazo.

Para comprenderse a sí mismo como el inversor, debe concentrarse en su conocimiento de la inversión, el ingreso bruto anual, el patrimonio neto estimado, el ingreso bruto anual y el intervalo de tiempo de inversión.

**2. Encuentre un comienzo temprano**

Aproveche el poder de la capitalización, este es uno de los métodos para hacer que su dinero funcione.

**3. Hacer inversiones regulares**

Es más fácil desarrollar una cantidad menor que invertir semanalmente o mensualmente que ganar una gran cantidad de dinero. Una estrategia de inversión consistente le permitirá elegir cuándo y cómo desea hacer contribuciones.

**Consejos para invertir de manera inteligente**

La creación de riqueza requiere un compromiso total para garantizar que el dinero llegue a usted. A continuación, se presentan algunas de las precauciones a tener en cuenta al invertir:

**Sea realista**

Invertir no implica buscar el mayor beneficio. Concéntrese en sus objetivos de inversión para tomar decisiones de inversión realistas que le permitirán alcanzar sus metas financieras. Establezca los objetivos de inversión aplicando el modelo SMART para establecer sus objetivos.

**Siga un plan integral**

Diseñe un plan para reducir la necesidad de comprar o vender inversiones sin pensarlo detenidamente. Enumere el plan y establezca las fechas para analizarlo periódicamente. Desarrollar su plan lo ayudará tanto en los buenos como en los malos momentos, y le permitirá evaluar los consejos extravagantes que recibe de los miembros de su familia.

**Evite problemas**

Asegúrese de realizar una investigación exhaustiva antes de comenzar a invertir para ayudarlo a mantenerse cómodo con sus decisiones.

**No confíe en los demás a ciegas**

Recuerde que este es su dinero. Piense por sí mismo e investigue cualquier consejo que escuche antes de tomar medidas.

**Evite los cuentos de hadas**

Si algo parece demasiado bueno para ser verdad, tal vez lo sea. Manténgase alerta cuando una empresa o alguien le prometa una ganancia significativa en una inversión.

**No dependa tanto del rendimiento pasado**

Siga este consejo: el rendimiento pasado es un logro, pero no garantiza el futuro.

**No pida prestado para invertir**

Si su inversión no sale bien, aún tendrá que pagarle al prestamista el dinero. Esa es la razón por la que debe cumplir con los objetivos de ahorro e inversión que estableció para invertir.

**Evite ponerse emocional**

Cuando tenga un plan, procure cumplirlo para evitar cometer errores y tomar decisiones impulsivas.

**Tipos básicos de inversión**

Este es un repaso para invertir. Hay una lista interminable de tipos de inversión que puede realizar, pero todas las inversiones se encuentran en una u otra categoría conocida como "clases de activos". Una clase de activo se compone de inversiones con las mismas características y está cubierta por el mismo conjunto de reglas financieras.

**Clases de activos**

Las clases de activos que muchas personas conocen incluyen:

1. Existencias

2. Inversiones de renta fija

3. Efectivo

Existen diferentes clases de activos que puede explorar cuando se trata de invertir:

1. Materias primas y futuros, como el oro o el petróleo.

2. Inversiones alternativas

3. Inversiones responsables, sostenibles e impactantes con el enfoque principal en efectos sociales útiles o importantes para el medio ambiente.

**Inversión de capital**

Esto implica la compra y venta de acciones utilizando empresas públicas. Esto es lo que viene a la mente de las personas cuando escuchan el término "invertir" y es uno de los medios más populares de inversión con el que empezar.

Las empresas que cotizan en bolsa ofrecen a los inversores una participación accionaria mediante la compra de acciones.

Al vender acciones, las empresas pueden generar el capital para ayudarlas a expandirse.

Los inversores de acciones pueden comprar acciones de los rendimientos para aumentar el precio de las acciones. Los inversores de acciones también pueden obtener ganancias de los dividendos de las acciones receptoras.

Las acciones se cotizan en una bolsa como la Bolsa de Nueva York. El intercambio facilitará el comercio de acciones.

Lo más crítico es evaluar el precio de las acciones. Una forma es evaluar el desempeño de la empresa. Otro factor a considerar es la industria general a la que pertenece la empresa, el desempeño de las condiciones económicas y las acciones del gobierno.

Los inversores bursátiles se dirigen por sus decisiones de inversión principalmente por análisis técnico o análisis fundamental.

**La inversión de renta fija**

La inversión de renta fija describe las inversiones en valores de deuda que proporcionan a los inversores un pago de interés a tasa fija durante un período determinado. Los títulos de deuda suelen denominarse "bonos". El mercado de bonos es uno de los más grandes del mundo, gracias a la mayor cantidad de deuda que tienen muchos gobiernos.

Cuando compre un bono, estará ofreciendo financiar un gobierno o una empresa. A cambio, obtiene un tamaño de interés específico llamado "tasa de cupón". Los bonos de interés siempre se pagan anualmente o semestralmente hasta que obtenga los bonos por una cantidad total de capital.

La tasa de cupón es el rendimiento ofrecido en un bono en el momento en que se libera. Cuando la tasa de interés continúa aumentando, el valor del bono y su "rendimiento hasta el vencimiento" inicial cambian. Las tasas de cupón no cambian en el transcurso de la vida de un bono, pero el cambio en las tasas de interés afectará el valor del bono y el rendimiento.

Para los inversores que tienen bonos hasta el vencimiento, el cambio en las tasas de rendimiento hasta el vencimiento en el transcurso de la vida del bono no afecta el rendimiento de su inversión.

### Bonos de cupón cero

Algunos bonos se liberan en "bonos de cupón cero". Sin embargo, en lugar de proporcionar pagos de intereses regulares, los bonos de cupón cero se venden con un descuento específico del valor nominal del bono. Los inversores obtienen ganancias comprando el bono por un valor nominal más bajo y luego continúan canjeando el bono al vencimiento por el valor nominal completo.

### Vendedores de bonos-corporaciones y gobiernos

Los bonos son vendidos por los gobiernos municipales y los gobiernos nacionales. Los bonos municipales son comunes porque la mayoría de los bonos devienen intereses libres de impuestos.

Además de eso, las corporaciones gubernamentales ofrecen bonos para obtener financiamiento. Los bonos corporativos generalmente pagan una tasa de interés más alta que los bonos gubernamentales similares. Los bonos corporativos también son muy volátiles en comparación con los bonos del gobierno porque su valor se ve afectado por el valor esperado del emisor corporativo.

Los ingresos de inversión fijos podrían atraer a inversores que planean la jubilación y tienen una gran cantidad de capital de inversión presente durante los muchos años de trabajo. Estos inversores pueden comprar una gran cantidad de bonos, cobrar intereses mientras trabajan, y luego, al momento de su jubilación, los bonos han crecido y devuelto el valor nominal al inversor.

**Invertir en qué hacer y qué no hacer**

Por lo general, una mala combinación de inversores y corredores sin experiencia puede conducir a una gran crisis financiera. Los inversores deben protegerse mediante la educación y la conciencia de los siguientes consejos:

- No se deje convencer por las promesas de devoluciones "limitadas" o "sin riesgo".
- Amplíe su conocimiento sobre el fraude de inversión en línea.
- No se deje engañar por esquemas de inversión de alto rendimiento.
- Tenga en cuenta el fraude relacionado con eventos actuales, como estafas de petróleo o gas.
- No inicie negocios con un corredor o empresa de inversión con la que no esté familiarizado.
- ¿Conoce sus inversiones?
- No comience a invertir sin un plan o estrategia.
- **Hágase algunas preguntas antes de invertir:**
    - ¿Son verdaderas las demandas de inversión?
    - ¿Cumple la inversión su objetivo personal de inversión?
    - ¿El vendedor y la inversión están registrados correctamente?
    - ¿Le ha proporcionado el vendedor información escrita para explicar la inversión?
- Si la respuesta a cualquiera de las preguntas anteriores es "no", corre el riesgo de ser defraudado.
- No invierta antes de buscar otras oportunidades.
- Actúe rápido cuando encuentre un problema.
- No invierta en nada que no conozca.
- No invierta en algo solo porque otros están invirtiendo en ello o porque alguien se lo vendió.

- No pague mucho dinero por productos de inversión a menos que comprenda la razón por la cual el producto lo vale.
- No asuma que alguien que lo asesora tiene sus objetivos alineados con los suyos.
- No se convierta en una víctima de las tácticas de marketing conductual.
- No se concentre en el corto plazo.
- No intente cronometrar el mercado.
- Diversifique sus inversiones.
- Haga una extensa investigación.
- No espere.
- Mantenga ahorros en efectivo.

# Conclusión

Felicitaciones por llegar al final de este libro. Ahora debe tener una sólida comprensión del concepto de deuda. Darse cuenta de que la deuda pasa, y es parte de la vida. Puede ser el resultado de una empresa fallida o una vida fallida. Lo bueno es que la deuda puede resolverse siempre que esté listo para ser paciente.

Si cree que comprende mejor sus finanzas y sabe cómo crear un presupuesto que refleje sus gastos, ha dominado los pasos que debe seguir para pagar su deuda. Ya ha comenzado a ahorrar para su futuro, ¡bien hecho! Usted ha logrado tomar el control de sus finanzas y de su vida.

Sin embargo, algunas personas querrán dar ese paso extra y hacer que su dinero trabaje para ellos. Esto puede ser interesante y gratificante, pero también puede ser arriesgado y complicado. Tenga en cuenta los principios de inversión. Recuerde los aspectos positivos y negativos que mencionamos sobre la inversión. Lo último que desea es perder todo el dinero que pasó años ahorrando. Por lo tanto, recuerde que no todos los tipos de inversiones le garantizarán que gane dinero. A veces, puede perder el dinero que ya tiene.

# Descubra más libros de Scott Wright

## REPARACIÓN DE CRÉDITO

La guía definitiva para mejorar su
calificación crediticia, saldar deudas, ahorrar dinero
y administrar sus finanzas personales de una
manera libre de estrés

SCOTT WRIGHT

www.ingramcontent.com/pod-product-compliance
Lightning Source LLC
Chambersburg PA
CBHW030529210326

41597CB00013B/1082